T0208858

essentials

essentials liefern aktuelles Wissen in konzentrierter Form. Die Essenz dessen, worauf es als „State-of-the-Art" in der gegenwärtigen Fachdiskussion oder in der Praxis ankommt. *essentials* informieren schnell, unkompliziert und verständlich

- als Einführung in ein aktuelles Thema aus Ihrem Fachgebiet
- als Einstieg in ein für Sie noch unbekanntes Themenfeld
- als Einblick, um zum Thema mitreden zu können

Die Bücher in elektronischer und gedruckter Form bringen das Fachwissen von Springerautor*innen kompakt zur Darstellung. Sie sind besonders für die Nutzung als eBook auf Tablet-PCs, eBook-Readern und Smartphones geeignet. *essentials* sind Wissensbausteine aus den Wirtschafts-, Sozial- und Geisteswissenschaften, aus Technik und Naturwissenschaften sowie aus Medizin, Psychologie und Gesundheitsberufen. Von renommierten Autor*innen aller Springer-Verlagsmarken.

Weitere Bände in der Reihe https://link.springer.com/bookseries/13088

Marion Willems

Empowerment von Mitarbeitern und Teams in Organisationen

Ein systemischer Ansatz

 Springer Gabler

Marion Willems
Consulting & Training
Bochum, Deutschland

ISSN 2197-6708 ISSN 2197-6716 (electronic)
essentials
ISBN 978-3-662-65197-1 ISBN 978-3-662-65198-8 (eBook)
https://doi.org/10.1007/978-3-662-65198-8

Die Deutsche Nationalbibliothek verzeichnet diese Publikation in der Deutschen Nationalbibliografie; detaillierte bibliografische Daten sind im Internet über http://dnb.d-nb.de abrufbar.

Planung/Lektorat: Christine Sheppard
Springer Gabler ist ein Imprint der eingetragenen Gesellschaft Springer-Verlag GmbH, DE und ist ein Teil von Springer Nature.
Die Anschrift der Gesellschaft ist: Heidelberger Platz 3, 14197 Berlin, Germany

Was Sie in diesem *essential* finden können

- Eine Anleitung, wie man Mitarbeiter und Teams aus systemischer Sicht befähigen (empowern) kann, sodass sie selbstwirksam ihre eigenen Ziele zu mehr Selbstbestimmung, Selbstbeeinflussung und Sinn verfolgen können und gleichzeitig für die Ziele des Teams arbeiten
- Ein Rahmenwerk für Empowerment, mit dem Führungskräfte, Personaler, Teamleader, Change Manager, Gründer und Coaches Empowerment in ihrer Organisation einleiten können
- Systemische und agile Methoden und Tools, die dabei helfen, Mitarbeiter zu empowern
- Strukturierte Vorgehensweise zu Empowerment

Inhaltsverzeichnis

Über die Autorin

Marion Willems ist Diplom-Kauffrau, begleitet und unterstützt als Unternehmensberaterin, Trainerin, systemische Coachin und zertifizierte Mediatorin Organisationen, Teams und Individuen in Veränderungsprozessen.

Marion Willems
Henkenbergstraße 55
44797 Bochum
E-Mail: mc@marionwillems.de
Website: www.marionwillems.de

Einleitung

Empowerment kann von unterschiedlichen Perspektiven aus betrachtet werden. Aus der Sicht des einzelnen Mitarbeiters, ist Empowerment die Fähigkeit, sinnhaft, selbstwirksam, selbstbestimmt und selbstbeeinflussend sein eigenes Berufs- und Privatleben zu gestalten und eigene oder im Kollektiv gemeinsame Entscheidungen zu treffen. Aus der Sicht der Führungskraft bedeutet Empowerment, Mitarbeiter und Teams bei der Verfolgung ihrer Ziele zu befähigen und ihnen Tools an die Hand zu geben, dass sie qualifizierte Entscheidungen treffen und sie dabei mit entsprechender Führung begleiten können.

Aus der Unternehmensperspektive gibt es eine Notwendigkeit, Mitarbeiter zu empowern, ihnen mittels Teilung von Macht, Informationen, Wissen und entsprechender Belohnungen Autonomie zu geben, damit sie eigenverantwortlich Entscheidungen treffen können. Organisationen sind im Zeitalter von großen Umbrüchen mit den schon hinlänglich bekannten Herausforderungen wie Digitalisierung, künstlicher Intelligenz und New Work mit einer absoluten Dringlichkeit gezwungen, sich schnell Veränderungen anzupassen, um den Anschluss nicht zu verlieren. Entscheidungen müssen dort gefällt werden, wo das Knowhow ist und das Topmanagement will oder muss entlastet werden, um sich den so wichtigen strategischen Fragen in Zeiten des Wandels zu widmen.

Gleichzeitig sehen wir junge Mitarbeiter, die Einfluss auf ihre Arbeit nehmen möchten und die Spielräume bei der Ausführung der Tätigkeiten brauchen. Und wir wissen, dass das, was Mitarbeiter motiviert, Autonomie, Meisterschaft und Purpose sind. Und dennoch fühlen sich laut einer Gallup Umfrage von 2020 nur 17 % der Mitarbeiter emotional dem Unternehmen verbunden. Gleichzeitig legen laut Haufe-Studie 83 % der Vertreter der Generation Z Wert auf Autonomie am Arbeitsplatz.

Empowerment hat also Relevanz. Meine Erfahrung aus verschiedenen Projekten und Workshops mit Mitarbeitern hat mir gezeigt, dass diese begeisterter

M. Willems, *Empowerment von Mitarbeitern und Teams in Organisationen*, essentials, https://doi.org/10.1007/978-3-662-65198-8_1

mitarbeiten, wenn sie selbst autonom Dinge vorantreiben und mitgestalten können. Dies hat positive Auswirkungen auf die Qualität der und das Engagement in der Arbeit. Empowerte Mitarbeiter haben Studien zu Folge eine hohe Jobzufriedenheit, eine bessere Arbeitsleistung; als Manager arbeiten sie effektiver und Empowerment fördernde Strukturen steigern die Teamperformance (vgl. Spreitzer, 2007), um nur einige Effekte von Empowerment zu nennen.

Aus meinen gemachten Erfahrungen und dem Erproben unterschiedlicher Tools ist ein ganzer Ansatz zur Förderung von Empowerment aus systemischer Sicht entstanden, den ich hier vorstellen möchte. In diesem *essential* will ich zeigen, mit welchem Instrumentarium Führungskräfte, Teamleiter, Gründer, Personalleiter, Change Manager und Coaches Mitarbeiter befähigen können, sie empowern können. Zunächst stelle ich ein Rahmenwerk zur Förderung von Empowerment vor, gefolgt von Methoden zur Umsetzung von Empowerment angefangen von der Vision über den Prototypen bis zu den Maßnahmen. Zum Schluss wird die Skalierung über Netzwerke hinweg skizziert.

Aktivieren Sie Ihre „power to empower" und lassen Sie sich inspirieren.

Insofern viel Spaß bei der Lektüre!

Das in diesem *essential* gewählte generische Maskulinum bezieht sich zugleich auf die männliche, die weibliche und auf andere Geschlechteridentitäten, sodass auf die Genderschreibweise zugunsten der besseren Lesbarkeit verzichtet wird.

2.1 Empowerment

Der Begriff Empowerment hat in der Literatur keine einheitliche Definition und wird aus unterschiedlichen Perspektiven betrachtet, die im Rahmen dieses Essentials alle von Bedeutung sind, da man Empowerment nur ganzheitlich betrachten kann.

- Im **psychosozialen Kontext** versteht man darunter Arbeitsansätze, die Menschen zur Entdeckung der eigenen Stärken befähigen sollen. Es geht um Selbstbefähigung und die Stärkung von Autonomie und Eigenmacht (vgl. Herriger, 2021)
- Im **wirtschaftlichen Kontext** wird darunter die Abgabe von Entscheidungsmacht an Mitarbeiter verstanden (vgl. Laloux, 2015). Es geht um Machtteilung des leitenden und mittleren Managements und die teilweise Aufgabe von Kontrolle.
  Bowen und Lawler definieren Empowerment als Praktiken, bei denen Macht, Information, Wissen und Belohnungen innerhalb von Organisationen umverteilt werden. (vgl. Bowen and Lawler III, 1995). Somit beinhaltet Empowerment auch die Abgabe von Entscheidungs- und Führungskompetenz.

Im Folgenden möchte ich im Rahmen dieses Buches die psychologische Perspektive des Empowermentbegriffs besonders hervorheben (vgl. Spreitzer, 2007), da hier wie im systemischen Coaching der Mensch im Mittelpunkt steht:

Empowerment ist die Fähigkeit eines Individuums selbstbestimmt und autonom eigene Ressourcen für gesetzte Ziele zu nutzen, eigene Entscheidungen zu treffen beziehungsweise an diesen zu partizipieren, sodass er sein eigenes Leben

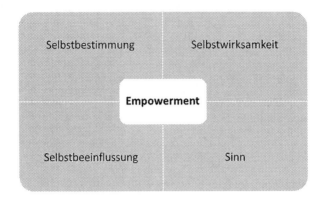

Empowerment aus psychologischer Sicht

Abb. 2.1 Empowerment aus psychologischer Sicht

sinnhaft gestalten kann beziehungsweise im Kollektiv angestrebte Ziele zu seinem Vorteil für die Gestaltung seines Lebens inklusiver seiner Arbeit nutzen
kann. Somit lässt sich Empowerment durch Selbstwirksamkeit, Sinn, Selbstbestimmung und Selbstbeeinflussung charakterisieren (s. Abb. 2.1, vgl. Spreitzer,
2007, S. 57).

Selbstwirksamkeit meint die Kompetenzen, die man hat, um seine Arbeit
selbstwirksam auszuüben.

Sinn ist die Passung zwischen den Bedürfnissen eines Menschen in seiner
Arbeitsrolle und seinem Verhalten und Glaubenssätzen. **Selbstbestimmung** ist
die Wahl, die man hat, eine Aktion anzustoßen oder zu regulieren und bedeutet
autonom zu sein bezüglich des Arbeitsverhaltens und dem Treffen von Entscheidungen über Arbeitsweisen. **Selbstbeeinflussung** ist der Grad, mit dem jemand
strategische, adminstrative oder operative Ergebnisse beeinflussen kann.

Gemäß Spreitzer fühlen sich Menschen empowert, wenn sie Kontrolle über
ihre Arbeit haben, ein angenehmes Selbstwertgefühl und Zugang zu Informationen haben und belohnt werden (vgl. Spreitzer, 1995, S. 4).

2.2 Systemischer Ansatz

Der systemische Ansatz ermöglicht es, Menschen in ihren Wechselbeziehungen
mit anderen Menschen und den jeweiligen Kontexten (Systemen) zu sehen und

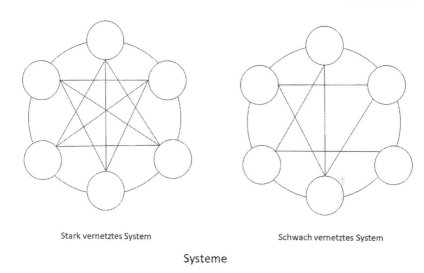

Stark vernetztes System   Schwach vernetztes System

Systeme

Abb. 2.2 Systeme

damit Perspektiven zu weiten und Spielräume für neue Handlungsmöglichkeiten zu schaffen. In einem System beeinflussen sich die Elemente eines Systems wechselseitig (s. Abb. 2.2). Es gibt ein Innen und ein Außen, sodass ein System immer in Abhängigkeit des Kontextes zu betrachten ist. Entscheidend für systemisches Arbeiten ist die systemische Grundhaltung, die durch Empathie, Respekt und unbedingte Wertschätzung sowie Kontextsensibilität gekennzeichnet ist.

Gerade wenn Führungskräfte gegenüber ihren Mitarbeitern eine systemische Grundhaltung einnehmen, zugeneigt sind, werden die Mitarbeiter mehr Selbstverantwortung übernehmen und sich eher mit Veränderungen auseinandersetzen.

In der systemischen Arbeit wird eine kooperative, gleichberechtigte Beziehung zwischen allen Beteiligten angestrebt und lösungsfokussiert gearbeitet, anstatt Problem- und Ursachenanalysen zu betreiben. Kennzeichnend für die systemische Arbeit ist, dass versucht wird, alte Muster im Verhalten und Denken aufzudecken und bewusst zu machen, um sie anschließend zu unterbrechen, um somit einen Raum für neue Einstellungen und Verhaltensweisen zu öffnen. Autonomie und Autopioese sind zwei wichtige Merkmale von Systemen. Autonomie bedeutet, dass die Akteure im System autonom sind und Impulse von außen autonom verarbeitet werden. Für sich selbst verantwortlich wissen sie selbst am besten, was für sie gut ist. Autopioese bedeutet, dass Systeme die Eigenschaft der Selbsterhaltung und Selbstregulation haben, ähnlich einem kybernetischen System.

Betrachtet man Teams (oder auch Organisationen) als Systeme, so sind leistungsstarke Teams durch einen hohen Grad an kommunikativem Austausch und Vernetzung (Verbindungen, dargestellt durch Linien und Bögen) gekennzeichnet, was auch im Rahmen von Empowerment wichtig ist (vgl. Abschn. 3.3). Im Gegensatz dazu findet man bei weniger leistungsstarken Teams weniger kommunikativen Austausch und weniger Verbindungen (s. Abb. 2.2).

2.2.1 Systemisches Coaching

Systemisches Coaching ist eine Problemlösungsmethode, bei der der Coach für den Ablauf verantwortlich ist und den Klienten mit hilfreichen Fragen und Zusammenfassungen dabei unterstützt, eigenständig und eigenverantwortlich Lösungen für sein Problem zu finden (vgl. Radatz, 2010, S. 85).

Somit haben sowohl Empowerment als auch die systemische Arbeit gemein, dass (selbstwirksam) eigenständige Lösungen für gesetzte Ziele beziehungsweise Fragestellungen angestrebt werden.

Eine besondere Bedeutung im systemischen Coaching hat die Aktualisierungstendenz, die jedem Menschen innewohnt. Jeder Mensch hat die Tendenz, sich selbst zu entfalten, zu verwirklichen und sich stetig weiterzuentwickeln bis hin zur Autonomie. Somit kann das systemische Coaching eine hilfreiche Vorgehensweise auf dem Weg zu Empowerment sein.

Schaffung eines Rahmenwerkes für Empowerment

Für den Aufbau einer guten tragfähigen Arbeitsbeziehung zu den Mitarbeitern, die befähigt werden sollen, ist der Aufbau eines Rahmenwerkes, das einerseits eine vertrauensvolle Beziehung zwischen den beteiligten Akteuren im jeweiligen System ermöglicht und andererseits organisatorisch unterstützende Abläufe und Strukturen bereithält, entscheidend.

Die Organisationsstrukturen, -abläufe und -praktiken müssen Empowerment ermöglichen, sodass die Mitarbeiter gut zusammenarbeiten können ohne Macht-kämpfe auszutragen.

In Zeiten der zunehmenden Digitalisierung und Transformation ist es not-wendig, die Macht an der Spitze von Organisationen zu verteilen, wenn diese wachsen und sich verändern wollen. Es geht vor allem darum, die Organisation schlagkräftiger und agiler zu machen. Es kann auf Dauer nicht alle Last beim Topmanagement liegen. Die Macht muss dezentralisiert werden, um Entscheidun-gen näher an den Märkten, Kunden und Bürgern ausrichten und treffen zu können. In Konsequenz heißt das, dass die Macht und Entscheidungshoheit stückweise in der Hierarchie nach unten abgegeben werden muss. Damit werden Aufgaben und Verantwortung auf die unter dem Topmanagement angesiedelten Mitarbeiterin-nen übertragen. Gleichzeitig sind die Mitarbeiter zu befähigen, sodass sie in neue Aufgaben hineinwachsen und sich selbst weiterentwickeln können.

Das Topmanagement hat die Aufgabe, diese Transformation behutsam einzu-leiten, Impulse zu setzen, sodass die Mitarbeiter eigenständig ihren neuen Weg gehen können und nicht verschreckt die Organisation anlässlich der bevorstehen-den Änderungen verlassen. Es ist also eine Gratwanderung.

Das Management braucht, um gemeinsam mit den Mitarbeitern einen Weg des Empowerments zu gehen, vor allem Vertrauen. Vertrauensbildung braucht seine Zeit und Vertrauen baut sich in der Regel sukzessive auf.

M. Willems, *Empowerment von Mitarbeitern und Teams in Organisationen*, essentials, https://doi.org/10.1007/978-3-662-65198-8_3

3.1   Schaffung einer vertrauensvollen Arbeitsumgebung

Um eine gemeinsame Basis der Zusammenarbeit zwischen Führungskraft und Mitarbeitern herzustellen, ist es ratsam, einen Raum psychologischer Sicherheit aufzubauen. Das heißt einen vertrauensvollen Raum zu bilden, in dem jeder frei seine Meinung, Ängste und Sorgen äußern kann und nicht mit Repressalien oder Ausgrenzungen rechnen muss.

„Psychological Safety is a believe that one will not be punished or humiliated for speaking up with ideas, questions, concerns or mistakes" (s. Edmonson, 2021).

Die psychologische Sicherheit lässt sich durch drei Aspekte fördern: (analog ebenda)

1. Die Führungskraft gibt in der Rolle eines Coaches einen Rahmen vor, indem sie sagt, dass es in Bezug auf Empowerment viel Unsicherheit im Raum gibt und gleichzeitig viele Interdependenzen. Um das zu lösen, brauche sie alle Beteiligten. Ein so angestoßenes Framen fördert die Notwendigkeit der Teilnehmer sich aktiv einzubringen.
2. Gleichzeitig zeigt die Führungskraft ihre eigene Fehlbarkeit auf, indem sie sagt, dass sie nicht alles weiß und daher neugierig ist und mehr von den Teilnehmern und ihrer Art zusammenzuarbeiten und der Art, wie sie sich selbst befähigen, erfahren möchte. Dadurch fühlen sich die Teilnehmer noch sicherer, sich mitzuteilen.
3. Die Führungskraft lebt Neugierde und echtes Interesse vor und stellt viele Fragen. Auch das führt bei den Teilnehmern dazu, mehr von sich zu sprechen.

Die Führungskraft schafft dadurch eine vertrauensvolle Arbeitsumgebung, dass sie psychologische Sicherheit herstellt und einen wohlwollenden, wertschätzenden Umgang mit den Mitarbeitern vorlebt.

Entscheidend ist, dass die Führungskraft Werte, Ziele und Regeln gemeinsam mit den Mitarbeitern vereinbart, sodass in Verbindung mit einer gemeinsamen Informationsgrundlage über die Ziele und anstehenden Tätigkeiten ein sogenannter Common Ground entstehen kann. Auf einer so verstandenen gemeinsamen Basis kann ein vertrauensvoller Umgang miteinander und eine offene, wertschätzende Gesprächskultur sukzessive gedeihen (vgl. Abschn. 4.4.2).

Die Herstellung einer vertrauensvollen Arbeitsumgebung ist essenziell für eine fruchtbare Zusammenarbeit, in der kokreativ neue Wege gegangen werden. Wenn so ein vertrauensvoller Raum geöffnet wurde, erleben die Mitarbeiter Aufmerksamkeit, bedingungslose Präsenz bei sich und den anderen, merken, dass sie frei sprechen können und gleichzeitig nehmen sie die subtilen Qualitäten des intensiven Zuhörens wahr.

3.2 Mindset

Eine vertrauensvolle Arbeitsumgebung kann zusätzlich durch das passende Mindset gefördert werden. Das Mindset verstanden als innere Grundhaltung leitet Menschen in ihrem Handeln, ihren Praktiken und methodischen Vorgehensweisen und hat somit auch eine Art Kompassfunktion für individuelles und unternehmerisches Handeln.

Ein Growth Mindset ist für den Umgang miteinander und die Arbeitshaltung entscheidend. Eine offene Geisteshaltung – „open mind" –, ist notwendig, um neue Sichtweisen, Meinungen und Möglichkeiten zu erkunden und daran zu wachsen. Neugierde und Entdeckergeist kennzeichnen dieses Mindset ebenso wie das Fehlen von Urteilen und Beurteilen. Menschen mit einem Growth Mindset sind engagiert, lernbegierig, haben weniger Angst, Fehler zu machen und lassen sich von Rückschlägen nicht entmutigen.

Führungskräfte mit einem Growth Mindset leben dies vor, indem sie betonen, dass Lernen und Wachsen elementar für den Job sind. Mitarbeiter werden befähigt, auch ungewöhnliche Experimente zu machen, deren Ausgang ungewiss ist.

Weitere Werte, die Mitarbeitern auf ihrem Weg zu mehr Empowerment helfen, sind Mut, Verbindlichkeit, Fokus und Respekt.

Mut heißt, die Mitarbeiter haben den Mut, Dinge zu ändern, fokussiert das Richtige zu tun, aber auch harte Probleme zu lösen. Verbindlichkeit heißt, sie verfolgen mit Engagement zuverlässig ihre eigenen Ziele im Hinblick auf Empowerment und Unternehmensziele, die aufeinander ausgerichtet sein sollten. Respekt heißt, dass man in der Gruppe seine Mitmenschen in ihrer Ganzheit mit ihren Fähigkeiten respektiert und in der Lage ist, sich in ihre Situation einzufühlen.

Das Mindset verfehlt seine Wirkung, wenn es wie ein Mantra von der Führungskraft und der Organisation durch diese getrieben wird. Die Führungskraft sollte das Mindset im Tagesgeschäft überzeugend im Sinne eines walk the talk vorleben. Letztlich können einfache Merksätze, die hinter Werten stehen, helfen, sich mit diesen Werten zu identifizieren.

Die besondere Aufgabe der Führungskraft liegt darin, dass sie in den offenen und ehrlichen Austausch mit den Mitarbeitern geht, damit ein gemeinsames Verständnis oder zumindest eine Akzeptanz der geltenden Werte erreicht wird. Die

Kunst liegt darin, den Mitarbeitern auch hier zu Selbstorganisation und Selbstgestaltung zu ermutigen, indem man sie auffordert, zum Beispiel für ihre Abteilung
ein Werte-Manifest zu verabschieden, zu dem sich die Mitglieder der Abteilung
untereinander verpflichten können, das aber dennoch zum unternehmensweiten
Mindset passt.

3.3   Transformational Leadership

Die in der Einleitung genannten Herausforderungen für Organisationen führen
dazu, dass man das Leadership Modell überdenken sollte. Für die Mitarbeiterentwicklung spielt der Führungsstil und das dahinterstehende Führungskonzept
eine wichtige Rolle. Die **transformationale Führung** (s. Abb. 3.1) eignet sich
besonders als Führungsstil, bei dem Mitarbeiter in innovationsbezogenen Kontexten und in Veränderungsprozessen empowert beziehungsweise inspiriert werden
sollen, selbstwirksam und mit entsprechendem Spielraum eigene Ideen und
Experimente voranzutreiben.

Transformational Leader werden in digitalen, agilen oder disruptiven Transformationen (z. B. Digitalisierung, Homeoffice, New Work) gebraucht, die dadurch
gekennzeichnet sind, dass neue Geschäftsmodelle, Strukturen, Prozesse, Produkte
und Innovationen vorangebracht werden. In solchen Kontexten wird exploriert,

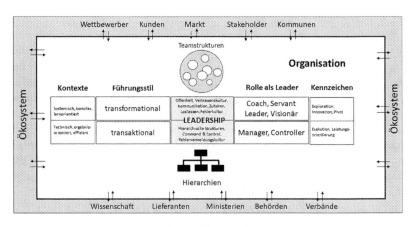

Leadership Framework

Abb. 3.1 Leadership -Framework

ausprobiert und getestet, um mit Innovationen Produkte und Services zu verbessern. Transformational Leader fördern dabei das Brainstorming, konträre Diskussionen und eine Experimentier- und Fehlerkultur nach dem Motto „fail fast – fail often." Transformationen stellen Führungskräfte vor neue Herausforderungen, da diese Agilität verlangen und zu einem Aufbrechen der alten, oft behäbigen Strukturen und Hierarchien führen. Der transformationale Leader ist in der Lage, Altes loszulassen, eine kraftvolle Vision und Purpose aufzuzeigen und die Mitarbeiter zu coachen, wenn sie Unterstützung brauchen. Er regt sie zum Mitdenken an, wertschätzt sie und motiviert sie in ihrem Tun.

Dadurch dass der Transformational Leader Mitarbeiter empowert und teilweise Macht abgibt, wird er selbst entlastet und kann sich strategischen Aufgaben widmen; die Mitarbeiter dagegen können sich weiter zu einer Führungskraft entwickeln.

Ein Transformational Leader (s. Tab. 3.1) führt mit Vision und Inspiration und fungiert eher als Servant Leader, der einzelnen Mitarbeitern und Teams Services anbietet und diese empowert statt, dass er sich in Mikromanagement und Anweisungen verliert. Gleichzeitig spielt er für jeden Einzelnen die Rolle eines Coaches und vermittelt ein Gefühl von „wir sitzen alle in einem Boot". So wie ein Coach begegnet er den Mitarbeitern auf Augenhöhe, ist wertschätzend und stärkt ihre Autonomie und ihre Fähigkeiten, ihre Ziele zu erreichen, die diese eigenverantwortlich verfolgen.

Im Gegensatz dazu definiert eine **transaktionale Führungskraft** die Ziele und kontrolliert die Ergebnisse nach Effizienzkriterien mit der Folge, dass sich Mitarbeiter oft entfremdet oder gegängelt fühlen, weil sie gesteuert werden. Trotzdem gibt es Kontexte, in denen eine Führungskraft kontrollieren und managen muss, nämlich da, wo Qualität und Sicherheit eine besondere Rolle spielen (Bsp: Compliance oder Automobilproduktion). In solchen Kontexten können Mitarbeiter empowert und motiviert werden, die Prozesse zu verbessern bei gleichzeitiger Einhaltung der Qualitäts- und Sicherheitsstandards; somit ist das Empowerment teilweise limitiert.

Und damit wird klar, dass eine transformationale Führungskraft gleichzeitig auch die Fähigkeit haben sollte, beidhändig zu führen. In Bereichen, wo Innovationen hervorgebracht werden sollen, führt sie transformational mit der Haltung eines Entdeckers, Visionärs, Servant Leaders und Coaches und in Bereichen, die ein hohes Maß an Kontrolle, Sicherheit und Qualität verlangen, ist sie in der Lage, auch transaktional zu führen. Transaktionale Führung eignet sich für komplizierte Kontexte, in denen es auf präzise Ausführungen (Autoproduktion, Finanzabteilung) ankommt. Transformationale Führung eignet sich für komplexe

Tab 3.1 Führung (Anmerkung: FK = Führungskraft)

	Transformationale Führung	Transaktionale Führung
Leadership-Rolle	FK*ist Zuhörer, nimmt Fragen entgegen, bietet Hilfe als Servant Leader an	FK ist Autokrat und Micromanager; erteilt Anordnungen
	Als Visionär: hat die FK eine Vision, sodass Mitarbeiter inspiriert werden	
	Als Coach: FK wertschätzt Mitarbeiter und befähigt sie zu Übernahme von Verantwortung und Selbstmanagement	
Verhalten	Informiert, kollaboriert, ist ein Teamarbeiter, macht Entscheidungen transparent, führt durch Beeinflussung	Keine Transparenz der Entscheidungen; Bottom-up Reporting, FK kommandiert und kontrolliert
Unternehmenskultur	Basiert auf Experimentier- & Fehlerkultur; Lernen aus Erfahrung	Fehlervermeidung und begrenzte Fehlertoleranz
Führungsstil	Kooperativ, unterstützend, partizipativ: Leader lässt Mitarbeiter an Entscheidungen partizipieren und flößt ihnen Stolz in Bezug auf ihre Arbeit ein	Autoritär: FK gibt Ziele vor, unterweist Mitarbeiter, kontrolliert Ergebnisse, gibt Feedback
Mindset	Open mindset	Fixed mindset
Veränderungsmanagement	FK stellt sich der Veränderung, "goes for the flow"	Verharren in alten Überzeugungen und Verhaltensmustern

und chaotische Kontexte, in denen Kreativität, Entdeckergeist und Innovationen gefragt sind wie z. B. der Produktentwicklung oder dem Business Development.

Führungskräfte empowern ihre Mitarbeiter unabhängig vom Führungsstil am besten, indem sie sie (vgl. Spreitzer, 2007)

- coachen,
- informieren,
- durch Beispiel führen,

- Bedenken äußern und
- zu partizipativer Entscheidungsfindung ermutigen.

So lange jeder Mitarbeiter weiß, was die unternehmensweite Strategie/Purpose ist, können die Mitarbeiter in dieselbe Richtung ziehen, ohne ständig von der Führungskraft im klassischen Sinn geführt zu werden. Empowerment braucht dennoch eine gewisse Art von Guidance mit klar artikulierten Zielpunkten und Touchpoints auf dem Weg hin zum Ziel. Diese stellen Leitplanken für das Empowerment dar und sind nach Smet Hewes Weiss völlig ausreichend (vgl. Smet et al., 2020a). Empowerment braucht aber zusätzlich auch eine stetige engagierte Interaktion seitens der Führungskraft mit den Mitarbeitern. Im Klartext heißt das ganz einfach: miteinander reden.

3.4 Etablierung einer selbstführenden Empowerment Working Group

Will die Organisation unternehmensweit eine Empowerment-Initiative umsetzen, ist es hilfreich, eine selbstführende Empowerment Working Group als strategische Transformationseinheit ins Leben zu rufen. Die Funktion einer solchen Gruppe ist, ein Empowerment Center of Excellence in der Organisation zu schaffen, in dem Ideen, Methoden, Tools, Prozesse, Fragestellungen, Anregungen, Feedbacks rund um das Thema Empowerment gebündelt werden können. Die EWG hilft, Hindernisse, die dem Empowerment der Mitarbeiter entgegenstehen, zu beseitigen. Sie ist mit exekutivem Leadership Support ausgerüstet, um dem Thema die entsprechende Relevanz zu verleihen.

Die EWG erklärt den jeweiligen Akteuren

- **was** Empowerment in dem jeweiligen Kontext bedeutet,
- **warum** Empowerment in der ganzen Organisation so wichtig ist und hilft Teams, Empowerment im Team zu befördern,
- **wie** Empowerment organisatorisch und prozessural umgesetzt werden kann, welche Rahmenbedingungen dafür erforderlich sind,
- **wie** systemische Denkweisen und Methoden mit dem spezifischen Business Verständnis kombiniert werden können und
- **wer** welche Rollen im jeweiligen Empowermentprozess übernimmt und sie ist Sparring Partner und Coach für Teams und Individuen, die Empowerment vorantreiben wollen.

Die EWG arbeitet mit den einzelnen Divisionen, Abteilungen der Organisation zusammen, um spezifische Empowerment-Themen anzugehen. So arbeitet sie zum Beispiel mit der IT-Abteilung zusammen, um via Zugriffsrechte die Transparenz von Informationen zu gewährleisten. Mit der **HR-Abteilung** konzipiert sie beispielsweise Schulungen zum Aufbau von Coachingkompetenz oder zur Stärkung von Selbstführung und Autonomie. Mit der **Kommunikationsabteilung** könnte die EWG regelmäßig unternehmensweit über die Empowerment-Initiative, Erfolge und Learnings berichten.

Die Empowerment Working Group setzt sich aus Change Managern und den jeweiligen Vertretern der Unternehmensabteilungen zusammen. Die Change Manager sind vor allem für die Beseitigung der oben genannten Hindernisse verantwortlich. Die Vertreter der jeweiligen Abteilungen sind Experten der Unternehmensabläufe und liefern somit hilfreiches Wissen für die Umsetzung von Empowerment. Zudem haben sie auch einen direkten Kontakt inklusive Reportinglinie zur Geschäftsleitung.

Die Skills, die die Mitglieder einer EWG mitbringen sollten, sind:

- **Vertrauensfähigkeit**
- **Kommunikationsfähigkeit und Demut**
- **Sachkunde**
- **Engagement**
- **cross-funktionale Skills**

Das heißt, die EWG-Mitglieder haben Empowerment-Knowhow, abteilungsspezifisches Wissen, sind gute Kommunikatoren und Zuhörer, bescheiden im Auftreten, haben systemisches Knowhow und cross-funktional sich ergänzende Skills. Falls sie zusätzliches Knowhow benötigen, greifen sie auf externe Berater zurück.

Da der Weg zu mehr Empowerment auch zu mehr Selbstorganisation und Eigenverantwortung führt, zieht dies unweigerlich gleichzeitig eine Änderung der Organisationsstrukturen nach sich. Somit sind die **organisationsbezogenen Charakteristiken** einer EWG

- die **ganzheitliche systemische Perspektive,** wobei die EWG zum Beispiel im HR-Management oder in der Corporate Strategy angesiedelt ist,
- der **temporäre Bezug,** da die Tätigkeit der EWG dann endet, wenn Empowerment und dessen kontinuierliche Verbesserung Eingang in das Tagesgeschäft gefunden haben,

- **ein ambidextrisches operatives System,** das heißt, die EWG hat sowohl zeitweise Vertreter aus den traditionellen hierarchischen Strukturen in ihrem Team für Effizienz und Geschwindigkeit in der Ausführung (Exekution) als auch Mitglieder, die hundertprozentig in der EWG fokussiert, weitgehend autonom und innovativ wie eine Graswurzelorganisation arbeiten und den organischen Wandel explorativ vorantreiben. Gleichzeitig ist die EWG wie eine Stabsstelle organisiert, die Schlagkraft hat und Topmanagement-Support genießt.

3.5 Etablierung eines Empowerment Labs

Die Etablierung eines Empowerment Labs soll dazu dienen, verschiedene Methoden und Tools, die für Empowerment genutzt werden, in unterschiedlichen Settings auszuprobieren.

Wie in einem Innovationslabor können in einem Empowerment Lab innovative Empowerment-Ansätze entworfen und ausprobiert werden. Die Innovationskultur, die hier gelebt werden sollte, lässt sich vom Prinzip „fail fast, fail often" leiten. Das heißt, es sollen so viele Experimente im Hinblick auf Empowerment wie möglich durchgeführt werden. Dabei ist eine bedingungslose Fehlerkultur unabdingbar, bei der Fehler nicht als Manko gesehen werden, sondern in Lernerfahrungen umgedeutet werden. Fehler sind erlaubt und dienen lediglich dazu, dass gemachte Experiment zu validieren und verfeinern.

Der Ablauf für die Durchführung der Experimente erfolgt dreistufig (s. Abb. 3.2):

1) **Experimente sammeln:** Zunächst werden viele Experimente gestartet. Das Ziel ist Generieren von Output nach dem Motto „fail fast."
2) **Selektion:** Danach erfolgt eine Auswahl von circa drei bis fünf Experimenten, die am besten das zu lösende Empowerment-Problem unter Berücksichtigung des jeweiligen Kontextes berücksichtigen. Die Auswahl erfolgt anhand von vorher festzulegenden Beurteilungskriterien durch die Mitarbeiter. Dabei geht es auch um die Frage, welches Experiment beibehalten wird und welches nachgebessert wird und welches verworfen wird. Somit ähnelt dieser Ansatz dem build-measure-learn-Ansatz von Eric Ries zur Beurteilung von Produktideen.
3) **Finale Entscheidung:** Aus den selektierten Experimenten wird das am besten passende eine Experiment ausgewählt, für dieses eine Finanzierung gesucht,

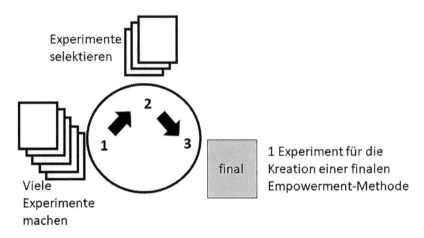

Experimente-Prozess: fail fast

Abb. 3.2 Experimente-Prozess – fail fast

um damit die finale Lösung (hier z. B. die geeignete Methode bzw. das passende Tool zur Förderung von Empowerment) zu schaffen, die dann in der Organisation skaliert werden kann.

Auf diese Art lassen sich nach und nach bewährte Empowerment-Methoden für unterschiedliche Anlässe im Labor kreieren, sodass versucht werden kann, erfolgreiche Experimente in der Organisation zu skalieren. Dieses final ausgesuchte, am besten passende Experiment stellt dann das kleinste einfache Abbild einer finalen Lösung für ein spezifisches Empowerment-Thema dar, das mit den wesentlichen Charakteristiken ausgestattet ist.

An der Stelle sei aber gesagt, dass Lösungen und Methoden für eine konkrete Empowerment-Fragestellung immer kontextbezogen erarbeitet werden müssen.

Das Empowerment Lab könnte einen kleinen Workshop gestalten, in dem das Lab Mitarbeiter der Organisation einlädt, Empowerment Tools und Methoden aus der Perspektive unterschiedlicher fiktiver Rollen (Vorgesetzte, Mitarbeiter) auszuprobieren. In so gestalteten Empowerment Games kann ein Mitarbeiter ausprobieren, wie er innerhalb eines Teams und gegenüber dem ihm zugewiesenen Vorgesetzten sein Empowerment-Vorhaben durchsetzen kann.

Eine mögliche beispielhafte Fragestellung des Mitarbeiters könnte sein:
Wie schaffe ich es, eigenverantwortlich meinen Tagesablauf so zu planen, dass ich meine Ziele vorantreiben kann, ohne dem Vorgesetzten vor den Kopf zu stoßen?

Anschließend lassen sich die Rollen auch vertauschen, sodass der jeweilige Akteur in den Schuhen des anderen gehen und in seine Rolle hineinspüren kann. Die Workshopteilnehmer können so auf eine sublime Art unterschiedliche Verhaltensmuster nachspielen und aus den Reaktionen der Gegenspieler und dem anschließenden Feedback etwas lernen. Das Feedback der Mitarbeiter kann gleichzeitig auch dafür genutzt werden, wenn nötig, das Experiment nachzubessern, sodass es für die Lösung von Empowerment-Themen des Mitarbeiters hilfreich ist.

In Bezug auf Ressourcen, die Mitarbeiter benötigen und aktivieren müssen, um ihr Ziel „Empowerment" zu erreichen, verweise ich auf das Abschn. 4.6.

3.6 Zusammenarbeit mit der Human Resources (HR)-Abteilung

Die HR-Abteilung hat eine unterstützende Funktion, wenn es um Empowerment geht. Sie ist strategischer Partner und Ermöglicher für die Organisation. So gesehen sollte sich eine HR-Abteilung darauf fokussieren, den Mitarbeitern der Organisation einen Nutzen zu liefern, sodass diese auf ihrem Weg zu mehr Empowerment Support erhalten und in Anspruch nehmen können.

Die HR-Abteilung kann in folgenden Punkten die Mitarbeiter auf ihrem Weg zu mehr Empowerment motivieren (s. Abb. 3.3)

1. **Vision und Strategie:** HR trägt dazu bei, dass Vision und strategische Ziele des Unternehmens den Mitarbeitern verständlich übermittelt werden, dass sie selbst ihre Spielräume für Empowerment, Autonomie und Selbstverantwortung kennen und wissen, welche Leitplanken, Grenzen und Regeln sie respektieren sollten.
2. **Rollen und Verantwortlichkeiten:** Die HR-Abteilung sorgt dafür, dass Zuständigkeiten und Rollen klar definiert sind, sodass jeder Mitarbeiter weiß, wer welche Entscheidungsmacht hat und in welchen Fällen eine zusätzliche Instanz einbezogen werden muss.
3. **Kompetenzaufbau:** Die HR-Abteilung kreiert Schulungs- und Trainingsformate, die die Mitarbeiter zu mehr Autonomie, Problemlösungs-, Analyse-,

Vision & Strategie
gibt Orientierung

**Organisations-
entwicklung & -
struktur**
zeigen auf, wohin und wie sich die
Organisation entwickelt

**Rollen &
Verantwortlichkeiten**
schaffen Klarheit

Empowerment-Kultur
fördert die Selbstgestaltung,
persönliche Entwicklung und
Autonomie

Kompetenzaufbau
zur Förderung von Empowerment,
Leadership
und fachlichen Skills

**Situationsbezogene
Führung**
in Rollenspielen trainieren

Vernetzung
durch abteilungsübergreifenden
Austausch zu Empowerment

Incentives
zur Förderung von Teamerfolgen,
gelebter Werte, flexibler
Arbeitszeit- u. Vergütungssysteme

Recruiting
bindet Mitarbeiter in
Personalentscheidungen mit ein;
HR als Business Partner

HR Operating System Canvas

Abb. 3.3 HR Operating System Canvas

Entscheidungs-, Führungs-, Coaching-, Kommunikations- und Teamkompetenz befähigen, sodass sie eigenständig ihr Verantwortungsgebiet managen können. Somit geht es um den Aufbau von Leadershipskills, aber auch Fachexpertise. Sie entwickelt in Kooperation mit der EWG für das Empowerment Lab attraktive Workshops, in denen die Mitarbeiter Tools und Methoden zur Förderung von Empowerment ausprobieren können.

4. **Empowerment-Kultur:** Die HR-Abteilung gibt Hilfen für den Aufbau des Mindsets von Abschn. 3.2. Die HR-Mitarbeiter leben das Mindset als Vorbilder nach dem Motto „walk the talk" vor. Sie geben Führungskräften, die Macht oder Jobtitel abgeben müssen, Rückendeckung und Inspiration in Form von Coachings, um mit der Abgabe von Macht und Kompetenzen zurechtzukommen und zeigen Wege auf, wie sie als Facilitator, Ratgeber, Meinungsführer, Experte dennoch führen können. Gleichzeitig versuchen sie Hilfestellung zu geben, um die Kultur des Command und Control, wo möglich, in eine Kultur des Coachens und der Koordination zu wandeln. Ebenso versuchen sie, die Fehlerkultur zu etablieren, die es Mitarbeitern erlaubt, aus Erfahrung zu

lernen. Hier kann sie zum Beispiel mit der Shadowing-Methode arbeiten, indem sie Führungskräfte im Alltag als „Schattenperson" begleitet und dann Impulse gibt, wie sie ihr Verhalten in den jeweiligen Situationen ändern können. Auch Policies und Practices sind anzupassen zum Beispiel bezüglich der Budgetverantwortung und Entscheidungskompetenz.

5. **Situationsbezogene Führung:** Die HR-Abteilung ermöglicht den Mitarbeitern im Empowerment Lab in unterschiedliche Führungsrollen als Visionär, Coach, Servant Leader und (Mikro)Manager zu schlüpfen, sodass sie in der jeweiligen Situation kontextbezogen das passende Führungsverhalten ausprobieren können und zu unterscheiden lernen, in welchen Situationen sie welche Rolle einnehmen sollten.

6. **Vernetzung:** Die HR-Abteilung sorgt dafür, dass die Erfahrungen der Mitarbeiter mit unterschiedlichen Empowerment-Ansätzen ausgetauscht werden. Sie ermöglicht die Vernetzung der Mitarbeiter untereinander, ist mit einer Person in der EWG vertreten und hält direkten Kontakt zur Geschäftsführung. Sie sorgt dafür, dass über das Empowerment-Projekt innerhalb der Organisation transparent für alle berichtet wird.

7. **Incentives:** Die HR-Abteilung arbeitet neue flexible Arbeitszeit- und Vergütungssysteme aus, die den Teamerfolg in den Vordergrund stellen und die die jeweiligen Skills und gelebten Werte berücksichtigen und Empowerment belohnen.

8. **Organisationsstruktur und -entwicklung:** HR begleitet in Absprache mit der EWG die Organisationsentwicklung (die Veränderung der Unternehmenskultur, der Organisationsstruktur und des Mitarbeiter- und Führungsverhaltens), sodass klassische hierarchische Strukturen dort empowert werden, wo schnelle Reaktionen auf komplexe Herausforderungen erforderlich sind. Gleichzeitig begleitet sie die Einführung von flachen Hierarchien und Teamstrukturen, die es den Mitarbeitern ermöglicht, in autonomen Bereichen selbständig zu arbeiten. HR initiiert die Einführung von größeren Kontrollspannen der Führungskräfte (Führungskräfte mit vielen untergeordneten Mitarbeitern). Führungskräfte mit vielen Mitarbeitern haben weniger Zeit für Micromanagement (vgl. Spreitzer, 2007).

9. **Recruiting:** Im Recruiting übernimmt das HR Management die Rolle eines Business Partners der jeweiligen Fachabteilungen. HR bindet das Team in die Personalentscheidungen ein, sodass diese am Personal- und Recruitingprozess partizipieren können.

Bei den ganzen einzelnen Maßnahmen sollte stets der Business Kontext nicht aus den Augen verloren werden. Empowerment bietet sich vorrangig für komplexe

Business-Kontexte an, in denen es um Innovationen und Kreativität geht und bei denen es um Ausprobieren, Messen und Reagieren geht. Hingegen repetitive Tätigkeiten wie Buchhaltung, Ordermanagement und auch Prozesse mit einem hohen Qualitätsstandard verlangen nach kontrollierten Abläufen, dennoch kann der Empowerment-Gedanke hier eingeführt werden, wenn die Mitarbeiter motiviert und incentiviert werden, eigenständig smarter zu arbeiten und Prozesse zu verbessern. Auch hier kann das HR-Management den Dialog der Mitarbeiter aus diesen unterschiedlichen Kontexten zum Thema Empowerment fördern, sodass diese voneinander lernen können.

Gibt unternehmensweit die Leitung sukzessive Teile ihrer Macht nach unten in der Hierarchie ab, führt dieser Prozess gleichzeitig dazu, dass Silostrukturen dort, wo es sinnvoll ist, aufgebrochen werden. Dies bedeutet einen enormen Wandel in der Organisationsstruktur und in den Abläufen. Hier kann die HR-Abteilung gemeinsam mit der EWG und der Geschäftsführung herausfinden, in welchen Abteilungen welche Aktivitäten aus dem Verantwortungsbereich der Führungskräfte beziehungsweise der Geschäftsleitung auf darunterliegende Organisationseinheiten und damit Mitarbeiter übertragen werden können. Immer mit dem Ziel, das Management zu entlasten und Vollmachten und Verantwortung zu übertragen. Wichtig hierbei ist es, von der Zukunft her zu denken. Welche Funktionen und Stellen könnte die Organisation in Zukunft gut gebrauchen? Wo soll die Reise hingehen? Informationen können hier von der Strategieabteilung oder der Geschäftsleitung eingeholt werden.

Ein Kriterium für die Identifikation dieser zu empowernden Bereiche können Entscheidungstypen sein. Jeff Bezos von Amazon unterscheidet zwei Arten von Entscheidungstypen: D1- und D2-Entscheidungen (vgl. Pausder, 2020) D1-Entscheidungen sind solche, die strategisch und richtungsweisend sind. Sie werden von der Geschäftsleitung getroffen. D2-Entscheidungen sind solche mit geringer Reichweite, bei denen Fehler nicht so tragisch sind und Konsequenzen unkritisch. Diese Entscheidungen lassen sich leicht delegieren. Ein anderes Phänomen spielt bei Entscheidungen eine weitere Rolle, es ist besser, eine Entscheidung zu treffen, bei der 70 % an Informationen vorliegen als eine solche, bei der 90 % an Informationen vorliegen. Der Grund ist einfach, eine nachträgliche Anpassung einer falschen Entscheidung ist billiger als eine vermeintlich lang durchdachte Entscheidung mit 90 % der Informationen.

3.7 Schaffung einer wirksamen Lernkultur zur Lernförderung und zum Aufbau der erforderlichen Kompetenzen

„Es gibt nur eins, was auf Dauer teurer ist als Bildung: keine Bildung." (J.F. Kennedy)

„Bildung ist das Entfachen einer Flamme, nicht das Füllen eines Gefäßes." (Plutarch)

Empowerment braucht für den in Abschn. 3.6 genannten Kompetenzaufbau eine wirksame Mitarbeiterentwicklung mit unterstützenden Trainings- und Schulungsangeboten, ein Rahmenwerk sowie eine Lernkultur in der Organisation mit entsprechender Lernförderung vom Topmanagement.

Zunächst sollte das **„Warum"** den Mitarbeitern vermittelt werden. Lernen ist individuell und aus Organisationssicht hilfreich, damit Mitarbeiter wachsen und autonom werden können und die Organisation sich lernend weiterentwickeln kann, um Veränderungen proaktiv gestalten zu können.

Danach sollte das **„Wie"** des Lernens und der Lernkultur definiert werden. Es braucht für das Wie aus Organisationssicht Prozesse, Methoden und Praktiken, aber auch ein entsprechendes Rahmenwerk, das Lernen in Organisationen fördert, sodass es in den Berufsalltag integriert werden kann. Aus Sicht des einzelnen Mitarbeiters sollte im Sinne von Empowerment dieser die Freiheit haben können, selbst die für sich passenden Lernmethoden aussuchen zu dürfen.

Das **„Was"** des Lernens betrifft die Lerninhalte. Auf Organisationsebene können hier Lernpfade zur Verfügung gestellt werden, die in Anlehnung an die 21st Century Skills der OECD (vgl. OECD, 2021) folgende Kompetenzen adressieren:

- **Lern- und Innovationskompetenzen:** Kreativität und Innovation, Kommunikation, Kollaboration, kritisches Denken und Problemlösungskompetenz.
- **Digitale Kompetenzen:** Medienkompetenz, Informationskompetenz, Technologiekompetenz. Hierzu gehören beispielsweise auch Kompetenzen bezüglich Künstlicher Intelligenz und Social Media.
- **Lebens und Karrierekompetenzen:** Anpassungsfähigkeit, Führungskompetenz, Produktivität, Soziale Kompetenzen

Darüber hinaus sollten auch **Transformationskompetenzen** gefördert werden. Sie umfassen die Schaffung neuer Werte, den Ausgleich von Spannungen und Dilemmata mittels Konfliktmanagement in einer zunehmend komplexen und diversen Welt sowie die Übernahme von Verantwortung.

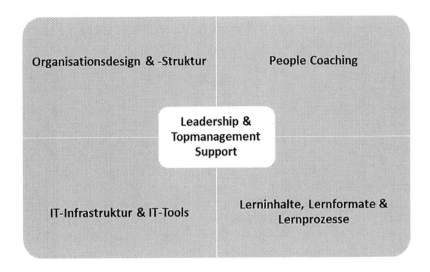

Rahmenwerk zur Lernförderung

Abb. 3.4 Rahmenwerk zur Lernförderung

Auch hier kann der Empowerment-Gedanke weitergedacht werden, Trainings-
und Schulungsangebote sollten vom Mitarbeiter eigenständig ausgesucht werden
dürfen, sodass er sich seine eigene Lernreise konzipieren kann und Skills und
Persönlichkeit weiterentwickeln kann.

Ein Rahmenwerk zur Lernförderung (s. Abb. 3.4) sollte folgende Komponenten enthalten:

- **Organisations-Design:** Es sollte ein physischer Ort zum Lernen und Austausch vorhanden sein, der eine angenehme Lernatmosphäre bietet.
- **Organisations-Strukturen** sollen die Vernetzung, Kollaboration, Ressourcen
  und die Bereithaltung von Kapazitäten ermöglichen. Die Vernetzung soll nicht
  nur innerhalb des Unternehmens stattfinden, sondern auch an Orten außerhalb
  des Unternehmens.
- **IT-Infrastruktur und IT-Tools:** Niedrigschwellige und hoch technologi-
  sche Systeme und Tools zum Teilen von Lerninhalten werden durch die

IT-Abteilung angeboten und gepflegt. Beispiele hierfür sind virtuelle Klassen-räume, blended learning, Webinare, Learning Apps, Learning Games, Virtual Reality, on-the-job-learning etc..

- **Topmanagement Support:** Die Führungskraft übernimmt die Verantwortung für die Lernförderung und unterstützt sie, indem sie eine Lernkultur in der Organisation etabliert und vorlebt, die durch das Growth Mindset, life long learning und eine Expermentier- und Fehlerkultur gekennzeichnet ist.
- **People Coaching:** Es gibt Lerncoaches, Mentoren und Lerngruppen, sodass Mitarbeiter sich auch untereinander Wissen aneignen können, aber auch wert-schätzendes Feedback erhalten. Gleichzeitig werden Fragen und der Dialog untereinander gefördert.
- **Lerninhalte, -formate und Prozesse:** Die Mitarbeiter werden einbezogen, wenn es darum geht, eine gemeinsame Lernstrategie und Lernreise zu konzipieren. Die Lerninhalte stehen in engem Zusammenhang mit dem Ver-antwortungsbereich der Mitarbeiter, sodass sie selbst Nutzen daraus ziehen können. Lerninhalte bestimmen den jeweiligen Lernprozess, das heißt das For-mat, wie das Lernen abläuft. Beispiel: Lerninhalte, die Interaktion erfordern wie zum Beispiel Rollenspiele, brauchen kollaborative Formate und sollten am besten in Präsenz ablaufen. Reine Wissensvermittlung kann rein virtuell als learn on demand ablaufen.

Gleichzeitig sollte die Integration des Lernens in den Arbeitsalltag ermög-licht werden, denn Lernen findet bei der Ausführung der „Jobs to be done" statt. Lernprogramme und Lernimpulse sollten durch ein Storytelling seitens der Geschäftsführung begleitet werden. Bei dem hier skizzierten Lernkonzept über-nimmt der Lernende Verantwortung, um Veränderungen herbeizuführen. Hierzu müssen kognitive, soziale und emotionale Ressourcen aktiviert werden und die Fähigkeit, sich selbst Wissen anzueignen. Somit besteht auch das heutige Arbeiten in Organisationen zu großen Teilen aus Lernen.

3.8 Selbstführung

Da Empowerment die Fähigkeit eines Menschen ist, selbstbestimmt eigene Res-sourcen für gesetzte Ziele zu nutzen, sodass er sein eigenes Leben gestalten kann, bekommen Selbstführung und Autonomie eine besondere Bedeutung.

Bezeichnet man Selbstführung als die Entscheidung, was man wann und wie macht und welche Ziele man sich setzt, so ist der selbstgeführte Mensch gleichzeitig auch selbst für sich und sein Handeln verantwortlich. Das Handeln wiederum setzt Achtsamkeit und ein Bewusstsein des Handelns voraus.

Auf Teamebene bedeutet Selbstführung, das das gemeinsam verfolgte Ziel sinnvoll, klar und transparent sein muss. Gleichzeitig brauchen Teams Grenzen oder ein Rahmenwerk, innerhalb derer die Selbstführung funktioniert.

Das heißt es sollte stets transparent sein,

- an was wie gearbeitet wird und wieweit der Fortschritt ist,
- wer welche Rollen und welche Verantwortung hat und
- in welcher Zeit, was zu tun ist (Fokus).

Außerdem werden innerhalb des Teams die gleichen Werte verfolgt, das können zum Beispiel agile Werte wie Commitment, Fokus, Offenheit, Respekt und Mut sein oder individuell verabredete Werte.

Auf Organisationsebene gibt es somit ein Rahmenwerk für die Selbstführung mit gewissen Rollen, Strukturen, Hierarchien und Abläufen. In selbstführenden Teams oder Organisationen verschwinden nicht die Strukturen, Hierarchien, Rollen, Zielvorgaben, Kontrollen und Bewertungen, sie werden nur auf mehrere Köpfe verteilt.

Das ist auch ein häufiges Missverständnis in der Wirtschaft, dass geglaubt wird, Selbstführung lasse sich ganz einfach dadurch herstellen, dass man die Hierarchien abschafft. Das ist genauso falsch wie der Glaube, der häufig in ehrenamtlichen Organisationen anzutreffen ist, dass Selbstführung nur noch durch basisdemokratische Entscheidungen zu erreichen sei.

Wer solche Entscheidungsprozesse mal erlebt hat, weiß, wie zähflüssig, zermürbend und häufig wenig zielführend sie sein können.

Selbstführende Teams sind überwiegend gekennzeichnet durch

- Selbstorganisation anstatt von hierarchischen Strukturen,
- das Fehlen von Managern und Führungskräften,
- gegenseitige Überwachung und Beratung unter den Teammitgliedern,
- Berater, die unterstützen, wenn nötig, beraten,
- spontane Koordination in Form von Besprechungen und Meetings,
- flexible Rollen,
- dezentralisierte Entscheidungsfindung,
- transparenten Informationsaustausch und
- Teamleistung anstelle von Individualleistung.

Laloux vergleicht selbstführende Organisationen gerne mit komplexen, partizipativen verbundenen, voneinander abhängigen und sich selbständig entwickelnden Systemen (vgl. Laloux, 2015, S. 137) wie den Ökosystemen der Natur. Selbstführung hat also viel mit Wachstum zu tun und kann somit mit dem Wachsen einer Pflanze (Individuum) oder eines Waldes (Team oder Organisation) verglichen werden, wobei die Pflanze oder der Wald sich auch organisch entwickeln, mal in die eine oder andere Richtung ausrichten, mal mehr oder weniger Ressourcen (Sonnenlicht und Wasser) brauchen, aber sich stets aus einer Eigendynamik heraus entwickeln.

3.9 Partizipative Organisationsformen und ihre Bedeutung für die Förderung von Empowerment

Partizipativen Organisationsformen kommt eine besondere Bedeutung für die Förderung von Empowerment zu, bieten sie doch im Gegensatz zu klassischen hierarchischen Organisationsformen cross-funktionale, teambasierte Strukturen an, die die Autonomie von Teams empowern und Mitarbeiter und Kunden in den Fokus stellen. Somit sind sie der Gegensatz von klassisch hierarchischen Organisationen mit ihren funktionalen Silostrukturen. Zudem fokussieren sie auf die Schaffung von Produktivität und eines Wertes.

Laloux (2015, S.36) der sich intensiv mit unterschiedlichen Organisationsformen und Organisationentwicklungen beschäftigt hat, konnte fünf unterschiedliche Organisationstypen definieren. Neue Weltsichten führen nach seiner Beobachtung zu Transformationen, bei denen die früheren Organisationsformen aber nicht vollständig verschwinden. Das ist aktuell genau das, was wir in den Organisationen derzeit erleben.

Die von ihm als höchst entwickelt eingestufte Organisationsform ist die integrale evolutionäre Organisation mit einem Fokus auf Ganzheit, evolutionären Sinn und Selbstführung, gefolgt von der postmodernen pluralistischen Organisation mit einem Fokus auf Kultur und Empowerment zur Erlangung hoher Mitarbeitermotivation. Beide Organisationsformen grenzen sich deutlich von der in der Wirtschaft vorherrschenden leistungsorientierten Organisationsform ab:

An dieser Stelle möchte ich nun näher die **evolutionäre (Teal) Organisation von Frederic Laloux** erläutern, sie mit der agilen und soziokratischen Organisation nach Endenburg vergleichen und der leistungsorientierten Organisation gegenüberstellen. An dieser Stelle sei schon gesagt, dass sich sowohl die agile als auch die evolutionäre und soziokratische Organisation zur Etablierung eines Rahmenwerkes zur Förderung von Empowerment eignen.

Als Vergleichskriterien werden Strukturen, Prinzipien und Praktiken herangezogen (s. Tab 3.2).

Moderne leistungsorientierte Organisationen

Strukturen: Diese Organisationen haben eine ausgeprägte hierarchische Pyramidenstruktur mit Bottom-Up und Top-Down Berichtslinien. In der Regel gibt es verschiedene große Abteilungen, die funktional, divisional oder entsprechend einer Matrixorganisation organisiert sind. Jeder Mitarbeiter hat in diesen Strukturen sein klar definiertes Aufgabenfeld (Position, Stelle). Es gibt eine Vielzahl von adminstrativen Unterstützungsfunktionen wie HR Management, IT, Finanzen etc., die die wertschöpfenden Prozesse wie zum Beispiel Logistik, Produktion und Vertrieb unterstützen.

Prinzipien: Das Management führt das Unternehmen durch Zielvorgaben nach dem Wettbewerbsprinzip. Die Organisation versucht sich gegenüber den Wettbewerbern zu behaupten, indem sie Innovationen vorantreibt und Leistungsorientierung fördert. Sie erwartet verlässliche Mitarbeiter, die die Zielvorgaben von oben erhalten, erfüllen und bestrebt sind, die Karriereleiter hochzusteigen.

Praktiken: Die Entscheidungsfindung ist weit oben in der Pyramide angesiedelt. Informationen werden nur, wenn nötig, nach unten weitergegeben und sind damit ein Machtfaktor. Es gibt zahlreiche Meetings auf allen Ebenen zur Koordination der Tätigkeiten.

Evolutionäre Organisationen (vgl. Laloux, 2015, S. 142 f., 224 f., 318 f.)

Strukturen: Evolutionäre Organisationen sind durch selbstorganisierte Teams (Kreise) und Rollen gekennzeichnet. Fallweise stehen je nach Bedarf Berater ohne Disziplinarfunktion zur Unterstützung der Teams zur Verfügung.

Prinzipien: Selbstführung, Ganzheit und evolutionärer Sinn sind die prägenden Prinzipien:

Die Organisationen werden mit lebenden Organismen verglichen, die sich ständig selbstorganisierend und **selbstführend** an die Umwelt anpassen. Sie benötigen keine zentrale Autorität als Befehlsgeber und Entscheider. Gründer und Eigentümer von integralen Organisationen begleiten diese und führen sie nicht. So entstehen fluide Systeme verteilter Autorität. Die Teamleistung steht im Fokus, wobei jeder Handlungs- und Entscheidungsmacht besitzt.

Ganzheit und Fülle für Mitarbeiter bedeutet, dass sie ihr ganzes Selbst (z. B. inklusive Emotion, Intuition und spirituelle Aspekte) in die Arbeit einbringen und ihre Persönlichkeit entfalten können. Die evolutionäre Organisation interpretiert Ganzheit dahin gehend, dass sie bürokratische, hierarchische Strukturen hin zu

Tab 3.2 Organisationsformen im Vergleich

	Moderne leistungsorientierte Unternehmen	Evolutionäre Organisationen	Agile Organisationen	Soziokratische Organisationen
Strukturen	Hierarchische Pyramiden Große Abteilungen	Selbstorganisierte Teams Ggf. Berater zur Teamunterstützung Kreise, Rollen	Team-, Netzwerkstrukturen mit Rollen	Kreise Rollen
Prinzipien	Management durch Zielvorgaben Wettbewerbsprinzip Profitorientierung Innovation Leistungsprinzip Verlässlichkeit	Selbstführung Ganzheit Evolutionärer Sinn Teamleistung im Fokus Jeder hat Handlungs-/Entscheidungsmacht	Selbstorganisation Autonomie Purpose Fokus auf Kundenwert	Empowerment durch Schulung und Mitsprache, Semi-Autonomie Doppelte Kreisverknüpfung, Partnerschaftlicher Umgang, Selbstorganisation der Mitarbeiter
Praktiken	Entscheidungsfindung oben in der Pyramide Informationsweitergabe nur, wenn nötig Viele Unterstützungsfunktionen (HR, IT, Finance etc.)	Dezentralisierte Entscheidungsfindung Transparente Informationen Praktiken zur Konfliktlösung untereinander	dezentrale Entscheidungsfindung Kontinuierliches Lernen Kundenfokus Arbeiten in Sprints Retrospektiven Feedbacks	Offene Kommunikation Kreissitzungen Teamkreise

fluiden Systemen verteilter Autorität ändert, sodass alle Mitarbeiter und Abteilungen kollektiv intelligent miteinander verbunden und vernetzt sind.

Evolutionärer Sinn meint das Streben nach einem höheren Sinn jenseits von Konkurrenz und spezifischen Marktanteilszielen. Organisationen mit evolutionärem Sinn sind aus sich heraus lebendig und bewegen sich dorthin, wo sie sich natürlicherweise sozusagen emergent von selbst hinbewegen. Ein evolutionärer Sinn geht also über den Purpose hinaus. Es gibt nur eine minimale Planung und keine Strategien, sondern evolutionäre Organisationen passen sich ständig an die Umgebung an. Ein entscheidender Wettbewerbsvorteil in heutigen Zeiten.

Praktiken: Die Entscheidungsfindungsprozesse sind dezentralisiert. Man findet sowohl die kollegiale Beratung als auch soziokratische Entscheidungsfindungsmethoden. Es bedarf keiner Hierarchie für Genehmigungen. Der Informationsaustausch ist transparent für alle (Bsp.: Gehälter, Zahlen über die Vermögens-, Finanz- und Ertragslage). Gehälter werden kollegial von den Mitarbeitern für den Einzelfall beschlossen. Auftretende Konflikte unter den Mitarbeitern werden im Gegensatz zu klassisch geführten Organisationen nicht durch die Geschäftsführung oder das Management gelöst, sondern untereinander oder etwa mithilfe eines Mediators gelöst, wobei die Konfliktparteien stets eigenverantwortlich für die Lösung sind.

Eine weitere Besonderheit ist, dass es keine ausgeprägten zentralen Unternehmensprozesse wie Personal, Planung, IT, Finanzen etc. gibt, diese Funktionen sind stark vereinfacht und werden vom Team ausgeübt. Auch Projekte werden von den Teammitarbeitern selbst besetzt, ohne dass Projektmanager eingesetzt werden, die Priorisierung der Aktivitäten erfolgt organisch.

Gemessen an den Kriterien von **Empowerment** (Selbstwirksamkeit, Sinn, Selbstbestimmung und Selbstbeeinflussung und Selbstgestaltung) wird schnell ersichtlich, dass die evolutionäre Organisation hier alle Kriterien erfüllt.

Agile Organisation

Strukturen: Agile Organisationen sind team- und netzwerkbasierte Organisationen, in denen die Mitarbeiter Rollen innehaben. (Bsp: Product Owner, Teammitglieder, Scrum Master) und für ihr Handeln selbst verantwortlich sind. Es gibt grundsätzlich keine Hierarchien.

Prinzipien: Sie arbeiten mit engagierten Mitarbeitern, die sich dem Wandel stellen und zielstrebig nach einem Purpose handeln. Sie verschreiben sich der Kundenorientierung und verbessern kontinuierlich ihre Arbeitsweise. Sie nutzen Erfahrungswissen, um den Wandel in einer nachhaltigen Art und Weise voranzutreiben. Sie arbeiten mit empowerten, autonomen Team, die cross-funktional aufgestellt sind. Sie fokussieren sich auf Produktivität und kundenorientierte Wertschaffung.

Vertrauen spielt dabei eine zentrale Rolle. Agile Organisationen folgen häufig den Werten des agilen Manifests (vgl. agilemanifesto.org). **Praktiken:** Entscheidungen werden dezentral gefällt. Life long learning ist eine gelebte Grundhaltung. Gelernt wird aus Erfahrung. Die kleinste Arbeitseinheit zur Erstellung auslieferungsfähiger Produkte sind Sprints. Retrospektiven und Feedback-Runden werden regelmäßig durchgeführt, um die Ergebnisse der Sprints und die Zusammenarbeit zu verbessern. Grundsätzlich gibt es keine Hierarchien. Entscheidungen basieren auf kollegialer Beratung oder einem Coaching durch den Scrum Master, wenn Scrum angewendet wird. Denkbar ist zum Beispiel auch die Entscheidungsfindung nach der Konsentmethode. Ein weiteres Prinzip ist das autonome Handeln, die Teammitarbeiter bestimmen selbst, wie sie ihre Aufgaben durchführen.

Für die **Empowerment-Kriterien** gilt hier, dass Selbstwirksamkeit und Selbstbestimmung durch autonomes, eigenverantwortliches Handeln der Teammitglieder gegeben sind. Der Sinn ist durch das zielstrebige Handeln nach einem Purpose gegeben. Die Selbstbeeinflussung ist durch die dezentrale Entscheidungsfindung gegeben.

Soziokratische Organisation nach Gerad Endenburg

Strukturen: Soziokratische Organisationen (Rüther, 2010) sind Organisationen mit Kreisstrukturen, die schon vorhandenen linearen Strukturen zugefügt werden, wobei die Kreisstruktur die lineare Struktur überlagert. Der Kreis ist daher ein semi-autonomes selbstorganisiertes Team mit einem gemeinsamen Ziel (Purpose). Semi-Auonomie bedeutet, dass ein Kreis semi-autonom über die für ihn relevanten Themen bestimmen kann, jedoch durch die Grundsatzentscheidungen des nächsthöheren Kreises limitiert ist (Rüther, 2010, S. 29). Rollenträger werden vom Kreis im Konsent bestimmt (Rüther, 2018, S. 63).

Prinzipien: Soziokratische Organisationen berücksichtigen Mitarbeiter an erster Stelle und betrachten alle Mitarbeiter gleich. Sie haben einen partnerschaftlichen Umgang. Weitere Prinzipien sind Selbstorganisation und Selbstverantwortung der Mitarbeiter sowie Transparenz und Fairness. Empowerment und Wachstum der Mitarbeiter werden durch Schulungen und Mitspracherechte erreicht. Entscheidungen werden nach dem Konsentprinzip getätigt, das besagt, dass ein Konsent besteht, solange es keine schwerwiegenden Einwände gibt. Kreise sind doppelt miteinander verknüpft.

Praktiken: Es wird offen miteinander zwischen den Organisationsebenen und Teams kommuniziert, sodass jeder gehört wird. Es gibt Kreissitzungen mit Grundsatzentscheidungen, deren Mitglieder dann die Ausführung delegieren. Auch unangenehme Dinge werden besprochen.

Die **Empowerment-Kriterien** wie Selbstwirksamkeit und Selbstbestimmung sind teilweise gegeben, da die Kreise nur semi-autonom Entscheidungen treffen können. Der Sinn ist durch die Ausrichtung der Kreise nach einem Purpose gegeben. Die Selbstbeeinflussung ist durch die Konsentmethode mit den gleichen o. g. Einschränkungen gegeben.

Empowerment umsetzen

4

„Es ist nicht genug zu wissen, man muss auch anwenden, es ist nicht genug zu wollen, man muss auch tun." – *Johann Wolfang Goethe*

An erster Stelle vor der unternehmensweiten Umsetzung von Empowerment sollte auf individueller oder Teamebene geklärt werden, warum man sich oder das Team empowern möchte. Der Grund ist schließlich der Motivator für jeden weiteren Schritt. Wenn klar ist, wieso der einzelne Mitarbeiter oder das Team sich selbstwirksam weiterentwickeln möchte, kann danach geschaut werden, wo konkret Empowerment erreicht werden soll und welche Schritte in Richtung Ziel zu gehen sind. Zielklarheit ist also die notwendige, aber nicht hinreichende Voraussetzung für die Wahl passender Methoden und erster Schritte in Richtung Ziel.

Das Empowerment Transformation Model ist hierbei ein Ansatz, die unterschiedlichen Komponenten von Empowerment zu visualisieren.

4.1 Das Empowerment Transformation Model

Das Empowerment Transformation Model (s. Abb. 4.1) besteht aus 10 Bausteinen. Im Mittelpunkt des Empowerment Transformation Models steht der Mensch als Individuum oder als Team (hier dargestellt in der **weißen Fläche „Empowerment Teamziel"**). Der Mensch oder das Team ist für sich selbst verantwortlich und führt sich selbst (**Selbstführung**), er bzw. das Team ist bestrebt, sein ganzes Potential auszuleben (**Ganzheit**).

M. Willems, *Empowerment von Mitarbeitern und Teams in Organisationen,* essentials, https://doi.org/10.1007/978-3-662-65198-8_4

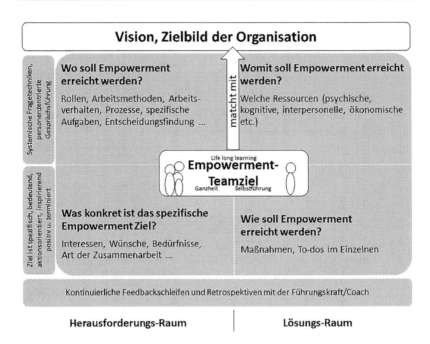

Abb. 4.1 Empowerment Transformation Model

Hierfür ist er oder das Team bereit, lebenslang zu lernen **(life long learning)**. Das Individuum oder Team haben ein übergeordnetes (Team)**Ziel und ein Zielbild** im Hinblick auf Empowerment. In der Organisation passt dieses Ziel zum übergeordneten Ziel der Organisation.

Für die Umsetzung von Empowerment startet man auf der linken Seite – dem Herausforderungs-Raum – mit der Formulierung eines **Anliegens,** mit der Fragestellung, wo Empowerment (charakterisiert durch die vier S (vgl. Abschn. 2.1) erreicht werden soll – in einem bestimmten Prozess, bezüglich des Arbeitsverhaltens, bei der Entscheidungsfindung, in einer bestimmten Rolle oder in einem bestimmten Verantwortungsbereich. Hierbei ist die Aufgabe der Führungskraft (alternativ: Coach oder Teamleiter) mittels Fragetechniken und personenzentrierter Gesprächsführung dieses Anliegen klar herauszuarbeiten. Das Anliegen wird in einem nächsten Schritt vom Mitarbeiter oder Team als **konkretes Ziel** formuliert, auf das man zuarbeiten möchte. Das Ziel ist spezifisch, bedeutend, aktionsorientiert, positiv, inspirierend und terminiert.

Auf der rechten Seite des Empowerment Transformation Models befindet sich der Lösungsraum. Hier wird erkundet, welche **Ressourcen** herangezogen werden können, um sich dem Ziel mit einzelnen **Maßnahmen** zu nähern. Außerdem gibt es im ganzen Empowerment-Prozess Feedbackschleifen und Retrospektiven, um zu ergründen, ob das Anliegen richtig erfasst wurde und ob die Maßnahmen und Todos zu mehr Empowerment geführt haben.

4.2 Mit systemischen Fragen den Raum öffnen und eine Vision formulieren

Im Folgenden wird unterstellt, dass schon vorab Gespräche mit den Mitarbeitern über die aktuelle Situation in der Organisation geführt wurden, die aktuellen Herausforderungen wie beispielsweise zu viel Hierarchie und zu wenig Eigenverantwortung und Selbstorganisation zur Sprache gebracht wurden und zu der Schlussfolgerung führten, dass man Mitarbeiter zukünftig bei ihrer persönlichen Weiterentwicklung, Selbstverwirklichung und Selbstorganisation (Empowerment) mehr fördern möchte. Gleichzeitig will man die Selbstorganisation von Teams und deren Empowerment unterstützen. Die Führungskraft, der Teamleiter beziehungsweise Coach sollte für sich für das Erarbeiten der Vision, des Anliegens und des Ziels entsprechend ausreichend Zeit nehmen. Oft bietet es sich an, hierfür einen separaten Workshop zu veranschlagen.

Zu Beginn sollte sich die Führungskraft mit dem Mitarbeiter beziehungsweise mit dem Team zusammensetzen, um zunächst den Raum für das Erforschen tiefer liegender Intentionen zu öffnen.

Da Empowerment evolutionär von den Mitarbeitern selbst entwickelt werden und dann sich in der Organisation ausbreiten soll, hat die Führungskraft hier die Funktion eines Servant Leaders (einer dienenden Führungskraft), der die Mitarbeiter und Teams auf ihrem Weg zu mehr Empowerment mit dem entsprechenden Rahmenwerk und systemischen Methoden unterstützt und fördert. Die Führungskraft selbst hat eine Vision und ein Zielbild für die Organisation.

Mit einem Moment der Stille kann die Führungskraft sehr wirksam den Raum in einem angenehmen Ambiente öffnen, damit die Mitarbeiter leichter Zugang zu ihren tieferen Intentionen im Hinblick auf ihre Arbeit, Leben und Empowerment bekommen können.

Journaling, das von einer Führungskraft oder einem Coach geleitet wird, ist hierbei ein wirksames Instrument, in dem Mitarbeitern Fragen gestellt werden, die diese intuitiv beantworten. Journaling hilft den Mitarbeitern, in einen selbstreflektiven Prozess zu kommen.

Die Mitarbeiter halten ihre spontanen Antworten schriftlich auf einem Blatt Papier fest, ohne lange darüber nachzudenken. Die Antworten wiederum können Ansatzpunkte für erste Schritte in Richtung Änderung des jetzigen Zustands liefern. Vergleiche hierzu die Guided Journaling Questions von Otto Scharmer (2009):

Fragen zu den Herausforderungen und Zielen
„Was sind Deine drei, vier größten Herausforderungen, die Dein Leben im Augenblick ausmachen?"
„Was sind Deine drei, vier größten Hoffnungen, Ziele und Talente, die Du in Zukunft realisieren möchtest? Was will bei Dir schon seit Längerem entstehen?"

Fragen zu den Frustrationen
„Was frustriert Dich in Deinem aktuellen Leben, in der Arbeit zurzeit am meisten?"

Fragen zu den Ressourcen
„Was sind Deine drei, vier größten Erfolge und Kompetenzen, die Du in Deinem Leben erreicht hast? Was energetisiert Dich?"

Fragen zu den Hindernissen
„Was hält Dich davon ab, Deine Ziele zu verfolgen?"

Frage zu Empowerment
„Was ist Deine Vision von Empowerment, Selbstorganisation, Selbstbestimmung etc. in Deinem aktuellen Job?"

Frage zur Kollaboration
Was tust Du im Augenblick kollaborativ von der Vogelperspektive aus betrachtet in Deinem jetzigen Job und Leben?

Fragen zu unterschiedlichen Perspektiven
Hier können Fragen aus unterschiedlichen Perspektiven gestellt werden, der Interviewte schaut aus der Perspektive seines jüngeren Ich auf seine aktuelle Situation und wird gefragt, wie er diese beurteilt. Ebenso kann der Interviewte am Ende seines Lebens auf sein ganzes Leben zurückschauen und wird gefragt, welchen Fußabdruck er hinterlassen haben möchte.

Abschlussfrage

„Und jetzt komm zurück von der Zukunft in die Gegenwart. Was willst Du in den nächsten 3–5 Jahren kreieren? Was ist Deine Vision, welche wesentlichen zukünftigen Kernpunkte möchtest Du in Deinem persönlichen, professionellen und sozialen Leben erschaffen?"

Die Frage sollte möglichst so gestellt werden, dass die Mitarbeiter sich auf ihre Gefühle, Wünsche und Interessen einlassen können. Die Fragen zielen auf den Menschen in seiner Ganzheit ab und gehen über den Jobhorizont und die Perspektive der Organisation hinaus.

Die Führungskraft bzw. der Coach sollte es unbedingt den Mitarbeitern selbst überlassen, ob sie über ihre Antworten sprechen wollen und ob sie diese im Publikum präsentieren wollen oder nicht. Sie müssen es jedenfalls nicht. Spannend dabei ist, zu beobachten, was dann emergent passiert.

Nun werden die gleichen Fragen an Gruppen mit bis zu fünf Personen gestellt
Die Kleingruppen entwickeln zusammen ihre Version einer Vision in Bezug Empowerment, die sie in einem Satz festhalten.

Zum Beispiel: „Unsere Vision ist, eine Gruppe zu werden, die es uns ermöglicht, selbstorganisiert, selbstwirksam, selbstbeeinflussend und mit Sinn an den relevanten Herausforderungen der Organisation zu arbeiten und dabei auch uns selbst entfalten zu können."

Zusätzlich sollte geklärt werden, was das Team konkret erreichen will und wie das Team mit welchen Aktivitäten zum Ziel kommen will. Es sollte auch geklärt werden, wer welche Rolle und Verantwortung übernimmt und wann das Ziel erreicht werden soll. Die vorher einzeln den Mitarbeiterinnen gestellten Fragen können Indikationen dafür liefern.

Wenn die Mitarbeiter es bevorzugen, mit einem Bild zu arbeiten, geht das auch. Hier bietet es sich an, ein Visionsbild in Form einer Reise zu malen, zum Beispiel eine **Segelreise** (s. Abb. 4.2). Die Reise hat einen Start und ein Ziel, wobei zur Erreichung bestimmte Kompetenzen und Ressourcen gebraucht werden, man sich aber auch von Ballast befreien kann wie auf einer Volvo Ocean Race, bei der das Boot, um schnell zu sein, möglichst wenig Gewicht haben sollte. Das Ziel sollte klar definiert werden und der Kontext (Wetterbedingungen, vorhandene Ressourcen) berücksichtigt werden. Bilder und Metaphern können Bedürfnisse und Gefühle und das Vorstellungsvermögen ansprechen, die auf der Bewusstseinsebene nicht präsent sind. Gleichzeitig können Bilder eine Möglichkeit sein, Lösungen zu entdecken.

Die Führungskraft beziehungsweise der Coach braucht nun nicht mehr zu tun, als das Agieren der Mitarbeiter zu beobachten.

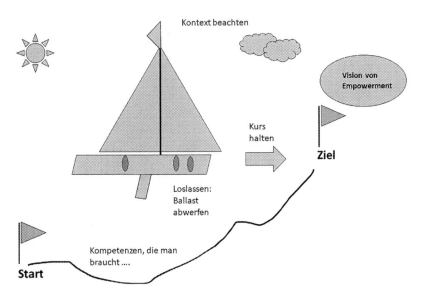

Abb. 4.2 Segelreise

Die Führungskraft kann zusätzlich einen Impuls zur Reflexion geben, so zum Beispiel versuchen, dass das Team sich zeitlich in die Zukunft versetzen soll.

> „Stellt Euch ein Zukunftsszenario Eurer Zusammenarbeit vor und stellt Euch vor, wie Ihr nächstes Jahr zusammenarbeiten werdet und wie Ihr mehr Autonomie erreichen werdet. Entwickelt Ideen in der Gruppe und konsolidiert die Ergebnisse. Anschließend erfolgt eine Vorstellung im gesamten Team."

Auf diese Weise werden Ideen kreiert und die ganze Gruppe mobilisiert.

Es können auch **systemische Fragen nach dem Unterschied** gestellt werden:

„Was machen die Teammitarbeiter zukünftig in puncto Empowerment beziehungsweise Selbstorganisation und Verantwortungsübernahme anders als heute?"

Sind die Ziele des Teams in puncto Empowerment klar, versucht die Führungskraft, diese entsprechend auf die Unternehmensziele und Vision auszurichten.

4.3 Ziele sammeln und clustern

Die Vision, die in Form eines Bildes oder eines markanten Satzes auf einer Pinnwand festgehalten wurde und langfristig das Team und die einzelnen Mitarbeiter für mehr Empowerment motivieren soll, muss nun greifbar gemacht werden und in einzelne Ziele heruntergebrochen und anschließend geclustert werden. Hier kann die Führungskraft die Mitarbeiter – ihr Einverständnis vorausgesetzt –, auffordern, sich Ziele zur Vision zu überlegen und das mit folgender Frage einleiten:

„Was braucht Ihr, um Empowerment umzusetzen? Wie geht Ihr Schritt für Schritt vor?"

„Woran macht Ihr fest, dass Mitarbeiter empowert sind und was braucht Ihr dazu? „Und was braucht Ihr noch?"

Die Führungskraft oder der Coach sollte hier fokussiert und zielorientiert in Richtung Lösung arbeiten. Falls es zu schwerwiegenden Einwänden kommen sollte, sollte die Führungskraft diesen Störungen den notwendigen Raum geben und versuchen, etwaige Bedenken mit entkräftenden Argumenten aus dem Weg zu räumen.

Den Zielsammlungsprozess führt der Coach in fünf Schritten ein. Wichtig hierbei ist, schrittweise vorzugehen, sodass das Team sich produktiv einbringen kann.

Zielsammlungsprozess

1. Brainstormartige Sammlung von Zielen wie zum Beispiel: „Selbstbeeinflussung", „Sinn", „Selbstwirksamkeit", „Selbstorganisation"
2. Ziele konkretisieren
3. Clusterung von Zielen (Cluster-Begriffe)
4. Einigung auf die Verfolgung eines ersten relevanten Zieles
5. Definition von Ergebnissen, die pro Ziel erreicht werden sollen und Festlegung von Todos

Die gesammelten Ziele sollen dabei auf die Vision von Empowerment (vgl. Abschn. 4.2) einzahlen. Neben den genannten „4S" von Empowerment können natürlich auch andere Ziele genannt und auf Moderationskarten gesammelt und an eine Pinnwand geheftet werden wie zum Beispiel das Ziel „partizipative Entscheidungsfindung einführen".

Ziele sind so zu konkretisieren, dass sie spezifisch, bedeutend, aktionsorientiert und inspirierend, terminiert, aber auch positiv formuliert werden.

Ziele, die ähnlich sind oder mit anderen Zielen zusammenhängen, können Ober-begriffen zugeordnet werden (Clusterung). Mögliche Clusterbegriffe, die mit auf die Pinnwand geschrieben werden, können beispielsweise sein:

- Metrics für eigenverantwortliches Arbeiten in Projekten
- Entscheidungsfindungsprozesse
- Rollen- und Aufgabenverteilung aktiv mitgestalten
- Selbstmanagement der täglichen Aktivitäten
- Zeit für eigene Fortbildung/Kompetenzaufbau

Die Cluster können hinterher für die Durchführung konkreter Maßnahmen (Todos) genutzt werden. Daher sollten nicht zu viele Cluster (maximal 5) gebildet werden, um so eher werden sie angenommen und finden Befürworter.

Die Führungskraft sollte in Schritt 4 gemeinsam mit allen Mitarbeitern ein erstes für Empowerment entscheidendes Ziel auswählen, das alle Mitarbeiter mit-tragen können, Einwände gegen die Zielverfolgung werden aus der Welt geschafft, andernfalls wird ein anderes Ziel gewählt.

Es bietet sich an, zunächst mit leicht erreichbaren kleinen Zielen zu starten, die bei Zielerreichung für die Mitarbeiter „quick wins" generieren und dennoch auf die Vision einzahlen. Komplexere Ziele sollten zeitlich gesehen in einem fortgeschrit-teneren Stadium des Projektes erfolgen, da sie mehr Koordination und Ressourcen benötigen und eine gut funktionierende Zusammenarbeit voraussetzen.

In Schritt 5 werden für dieses Ziel Ergebnisse definiert, die erreicht werden sollen, aus denen sich einzelne Todos ableiten. Für das Ziel „Einführung eines parti-zipativen Entscheidungsfindungsprozesses" könnte ein Ergebnis sein: „Vorstellung der soziokratischen Entscheidungsfindung" und ein mögliches Todo könnte sein: „Wir wollen in den nächsten drei Tagen die soziokratische Entscheidungsfindung im Team einführen, sodass alle Mitarbeiter Vorschläge mit einer Skala von 0 bis 10 bewerten können, wobei 0 Ablehnung bedeutet und 10 volle Zustimmung." Das so präzise formulierte Ziel erfüllt Punkt 5 und kann an die Pinnwand geheftet werden. Ratsam ist es, Ziel, Ergebnis und Todos separat an die Pinnwand zu heften, damit das Ergebnis für alle klar ist und damit auch mehrere Todos einem Ziel zugewiesen werden können.

Die Führungskraft kann die Mitarbeiter nach Metrics, Ergebnissen und gemach-ten Fortschritten bei der Zielverfolgung fragen:

„Woran könnt Ihr erkennen, dass Ihr Eure Ziele erreicht habt?"

„Woran merkt Ihr, dass Ihr auf dem Weg zu Eurem Ziel „Selbstorganisation, eigenverantwortliches Handeln und Selbstentfaltung umsetzen" Fortschritte macht?

Eine Skalenfrage bietet sich an, wenn die Führungskraft wissen will, wie weit die Mitarbeiter von ihrem Zielbild entfernt sind. „Wie weit bist Du mit Deinem Ziel auf einer Skala von 0 bis 10 von der Zielerreichung entfernt?" Dabei bedeutet 0, es ist noch nichts in Richtung Zielerreichung unternommen worden und 10 bedeutet das Ziel wurde erreicht. Gleichzeitig können die Mitarbeiter aufzeigen, wo noch Handlungsbedarf ist und wo Ressourcen verstärkt zum Einsatz kommen können.

Es kann sein, dass sich die Teilnehmer darauf besinnen, was derzeit im Team nicht gut läuft und destruktive Diskussionen über schwierige Herausforderungen starten. Die Führungskraft ist gefordert, diesen Zielsammlungsprozess gut zu moderieren, sodass hier Herausforderungen in Ziele umbenannt werden.

4.4   Die zentrale Rolle der Kommunikation

„Die Wahrheit ist immer auch die Wahrheit der anderen." – Rosa Luxemburg

Wenn eine Führungskraft oder ein Coach mit Mitarbeitern einen Veränderungsprozess anstößt, dann ist das, was zählt, die Art und Weise, wie er in Kontakt mit den Mitarbeitern tritt und wie er kommuniziert, zuhört und wie er mit eventuell auftauchenden Konflikten umgeht. Studien haben gezeigt, dass Mitarbeiter, die bessere Beziehungen zu Führungskräften, anderen Teammitarbeitern und Kunden aufbauen, auch mehr Empowerment zeigen (vgl. Spreitzer, 2007, S. 60). Die nun folgende personenzentrierte Gesprächsführung kann als Mittel benutzt werden, um eine gute Beziehung zum Gesprächspartner aufzubauen.

4.4.1   Personenzentrierte Gesprächsführung nach Rogers

C. Rogers hat herausgefunden, dass es drei Basisvariablen gibt, die dafür sorgen, ein förderliches Gesprächsklima zwischen Personen herzustellen (vgl. Rogers, 1983):

1. Empathie
2. Unbedingte Wertschätzung und
3. Authentizität beziehungsweise Kongruenz

Empathie meint die Fähigkeit, dass man sich in die andere Person hineinfühlen kann und dessen Gefühle und Empfindungen verstehen kann.

Unbedingte Wertschätzung meint uneingeschränkten Respekt vor der anderen Person zu haben unabhängig von irgendwelchen Bewertungen, Äußerungen und

Verhalten. Unbedingte Wertschätzung meint aber auch, dass man ganz bei der anderen Person ist und sich selbst zurücknimmt.

Authentizität und Kongruenz bedeutet, dass man ehrlich und echt auftritt und dass das Verhalten und die gezeigten Gefühle und Handlungen übereinstimmen. Es ist nichts aufgesetzt oder gekünstelt, man verstellt sich nicht. Die so verstandene personenzentrierte Gesprächsführung ist hilfreich für die Kommunikation von Mitarbeitern untereinander, aber auch für die Kommunikation zwischen Führungskraft, Coach und Mitarbeitern.

4.4.2 Kommunikation und Zuhören nach der Theorie U

Kommunikation und Zuhören sind für Führungskräfte wichtige Kompetenzen, die sie benötigen, wenn sie Mitarbeiter zu mehr Empowerment verhelfen wollen.

Scharmer hat sich intensiv mit Kommunikation und Zuhören auseinandergesetzt. Er beschäftigt sich im Rahmen der Theorie U mit Veränderungsprozessen und versucht, den inneren Ort von Systemen und Strukturen zu spüren und diesen auf kollektiver Ebene zu verändern. (Scharmer, 2019, S. 13 f.). Hierbei hat für ihn die Kommunikation und das Zuhören eine zentrale Rolle: die Qualität des Zuhörens und der Kommunikation hängt davon ab, wie sehr der Intervenierende Verstand, Herz und Willen öffnet und wie er sein Zuhören darauf ausrichtet, was in einer bestimmten Situation erforderlich ist (vgl. Scharmer, 2019, S. 42 ff.).

Er spricht von open mind, open heart und open will. Seiner Meinung nach ist es erforderlich, Denken, Fühlen und Handeln zu öffnen, das Alte loszulassen, um am Ende etwas Neues gemeinsam zu gestalten (vgl. Scharmer, 2019, S. 40, 47).

Die vier Ebenen des Zuhörens (s. Abb. 4.3) sind (vgl. Scharmer, 2019, S. 43 f.):

1. Herunterladen: Beim Herunterladen wird bestätigt, was der Zuhörer schon weiß. Man bestätigt also nur seine Überzeugungen und Urteile.
2. Beim Faktischen Zuhören konzentrieren wir uns auf das Gegenüber und nehmen die gesprochenen Daten auf und achten auf Differenzen, wir öffnen unseren Verstand. Wir achten auf Unbekanntes und Überraschendes.
3. Beim empathischen Zuhören sehen wir die Situationen aus Sicht des Gegenübers, wir fühlen mit und spüren in die Sichtweise des Gegenübers – „wir gehen in den Schuhen des anderen" und habe eine emotionale Beziehung zu dem Gegenüber.

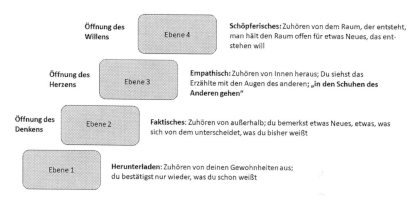

Abb. 4.3 Vier Ebenen des Zuhörens nach Scharmer

4. Das schöpferische Zuhören ist die höchste Stufe des Zuhörens. Hierbei kann in einem geschützten Raum eine neue aufkommende Zukunftsmöglichkeit entstehen, ohne dass interveniert wird. (Beispiel. Ein Coach, der durch die Probleme des Klienten sieht, was für Zukunftsmöglichkeiten für den Klienten sich auftun können.)

Die vier Ebenen der Kommunikation (s. Abb. 4.4) sind (vgl. Scharmer, 2019, S. 58–62):

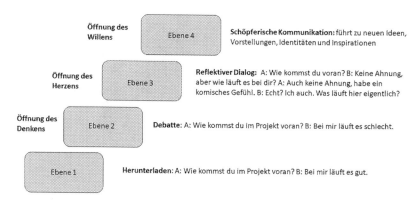

Abb. 4.4 Vier Ebenen der Kommunikation nach Scharmer

1. Herunterladen. Hiermit ist gemeint, das zwar geredet wird, aber es keine brauchbaren Ergebnisse gibt. Die Folge ist dysfunktionales Verhalten.
2. Debatte: Hier wird das Denken (open mind) geöffnet, abweichende Standpunkte in die Diskussion eingebracht, sodass ein echter Meinungsaustausch stattfindet und differenzierte Standpunkte hervorgebracht werden.
3. Reflektiver Dialog: Im Gegensatz zur Debatte wird die gegenteilige Ansicht nicht mehr bekämpft, sondern man erkundet die Sichtweise der anderen Person und ist mitfühlend (open heart).
4. Der schöpferische Dialog ist eine Art der Kommunikation, die etwas Neues hervorbringt, oftmals wird die Stille als Zugangsweg genutzt, die Zeit verlangsamt sich, der Raum öffnet sich, ebenso die Grenze zwischen dem Selbst und dem Anderen und es werden gemeinsam Ideen entwickelt (open will).

Nur, wenn die Führungskraft weiß, was die wirklich wichtigen Fragestellungen für die Mitarbeiter sind, kann sie auch die Umgebung und Kultur schaffen, die sie benötigen, um selbstwirksam, selbstbestimmt und selbstbeeinflussend zu arbeiten und einen höheren Sinn zu verfolgen.

Durch schöpferisches Zuhören und einen schöpferischen Dialog kann im Austausch zwischen Führungskraft und Mitarbeitern etwas gemeinsames Neues entstehen, was auch die Autonomie fördern kann.

Die Führungskraft versucht mit Fragen, Fakten von Interpretationen zu trennen, den Dingen auf den Grund zu gehen, tieferliegende Gefühle, Interessen, Wünsche und Werte, die sich unter der Oberfläche des Eisberges verbergen, zu ergründen und sich in den anderen hineinzuversetzen, damit etwas Gemeinsames entstehen kann. Dies kann sehr hilfreich sein, um herauszufinden, was wie empowert werden soll und welche Motive für die Mitarbeiter dahinterstehen.

Fakten können am besten mit W-Fragen geklärt werden („wer, was, wann, wie, wie viele?").

Für Fragen zu Hypothesen, Annahmen und Konsequenzen bieten sich die hypothetischen systemischen Fragen nach dem Typ „Was wäre, wenn…?" an.

Mit der systemischen Frage „Und was noch?" kommen häufig tieferliegende Emotionen, Motive, Glaubenssätze und Überzeugungen zum Vorschein.

Lösungsorientierte systemische Fragen sind vom Typ „Was brauchst Du, um Dein Ziel xy zu erreichen?". „Wie weißt Du, dass Du Dein Ziel erreicht hast.?" Sie zwingen den Befragten konkret Richtung Lösung zu denken.

Ressourcenorientierte Fragen klopfen Ressourcen ab, die benötigt werden oder wurden, um Ziele zu erreichen und werden in Abschn. 4.6.1 behandelt.

4.5 Empowerment durch Partizipation

Organisationen können sich nicht nahtlos von einer zum Beispiel hierarchisch leistungsorientierten Organisation zu einer partizipativen Organisationsform wie zum Beispiel der evolutionären oder soziokratischen Organisationsform wandeln. Organisationsentwicklung passiert in kleinen Schritten, da sie einen oft langwierigen Kulturwandel voraussetzen. Daher werden im Folgenden niedrigschwellige Ansätze vorgeschlagen, wie man in eher hierarchischen Unternehmen partizipative Prozesse einführen kann, die Empowerment fördern und so allmählich einen Kulturwandel einleiten können.

4.5.1 Entscheidungsfindung

Mitarbeiter fühlen sich häufig empowert, wenn sie an Entscheidungsfindungsprozessen partizipieren können anstatt, dass über ihre Köpfe hinweg entschieden wird. Es geht darum, die Entscheidungsfindung dorthin in der Hierarchie zu delegieren, wo das spezielle Knowhow sitzt.

Eine Methode, bei der man Mitarbeiter an Entscheidungen partizipieren lassen kann, ist die

Konsentmethode aus der Soziokratie
Muss über einen Vorschlag entschieden werden, so läuft die Entscheidungsfindung nach folgendem Schema ab (vgl. Rüther, 2018, S. 90 ff.):

1. Zunächst wird der Vorschlag in der Runde mit seinen Hintergründen präsentiert. Anschließend werden Verständnisfragen gestellt.
2. In der ersten Meinungsrunde erfolgen Rückmeldungen zu dem Vorschlag aus der Runde.
3. In der zweiten Meinungsrunde wird der Vorschlag aufgrund der Rückmeldungen adaptiert.
4. In der Konsentrunde wird der Vorschlag zur Entscheidung gebracht, die dann entweder im Konsent getroffen wird nach dem Motto „es gibt keinen schwerwiegenden Einwand" („safe enough to try or good enough for now") oder es kommt zu einem schwerwiegenden Einwand, der dann behandelt und besprochen wird und wiederum zur Entscheidung gestellt wird mit der Frage „Was können wir tun, um diesen Einwand zu berücksichtigen und integrieren?" Das heißt, man fängt wieder mit Punkt 1 an. Dies geht so lange, bis ein Konsent gefunden wird, der dann gefeiert werden kann.

Der Vorteil dieser Methode ist offensichtlich, jeder wird gehört und kann sich einbringen. Der Prozess ist vollkommen transparent, kann aber lange dauern.

Entscheidungsfindung durch kollegiale Beratung
Im Gegensatz zu der vorgenannten Methode, die alle Mitarbeiter an der Entscheidungsfindung partizipieren lässt, ist die kollegiale Beratung (Laloux, 2015, S. 99 f.) dadurch gekennzeichnet, dass jeder Mitarbeiter eine Entscheidung treffen darf, wenn er sich zuvor den Rat seiner Kollegen eingeholt hat. Die Kollegen sind entweder Experten oder Betroffene einer Entscheidung. Der Entscheider ist dann nach Anhörung seiner Kollegen autonom in der Bildung seiner finalen Entscheidung. Damit wird die Netzwerkbildung untereinander gefördert und der Mitarbeiter empowert, ihm wichtige Themen nach einer Kollegenanhörung voranzubringen.

Weitere niedrigschwellige Möglichkeiten partizipativer Entscheidungen durch Mitarbeiter sind zum Beispiel Budget-Spielräume, innerhalb derer die Mitarbeiter autonom Entscheidungen treffen dürfen (z. B. das kostenlose Essen für einen unzufriedenen Hotelgast). Eine andere Möglichkeit ist, dass jeder Mitarbeiter die Schlüsselaspekte seines internen Entscheidungsprozesses kommuniziert, aber Kommentare und Vorschläge der Mitarbeiter entgegennimmt, sodass ein kokreativer Prozess startet. Aber auch so simple Routinen wie Dokumentenreviews unter Kollegen tragen zur partizipativen Entscheidungsfindung bei. Auch agile Arbeitsmethoden und das Arbeiten auf gemeinsamen Kanbanboards (z. B. Trelloboards) kann die Partizipation an Aktivitäten erhöhen.

4.5.2 Rollen- und Kompetenzverteilung

Für ein wirksames Empowerment müssen Rollen und Kompetenzen klar definiert und verteilt sein, damit Entscheidungen getroffen werden können. In modernen evolutionären, soziokratischen (Soziokratie 3.0) oder agilen Organisationen sind die Mitarbeiter nicht an die von Mitstreitern stark umkämpften Positionen gebunden, sondern sie können (auch mehrere) Rollen ausüben oder ihnen werden Rollen zugewiesen, die es den Mitarbeitern erlauben, mehr Einfluss auf ihre Selbstgestaltung zu nehmen. Rollen werden basierend auf der Übereinkunft von Kollegen beziehungsweise häufig organisch vergeben, sobald ein Bedarf dafür gesehen wird.

Da eine Person mehrere Rollen übernehmen kann, ermöglichen sie eine große Flexibilität und Anpassungsfähigkeit im Gegensatz zu den Positionen in leistungsorientierten Unternehmen.

Für die Festlegung von Entscheidungskompetenzen kann mit dem Delegations-poker gearbeitet werden (Appelo, 2022). Dabei werden 7 Level der Delegation von hierarchisch (Führungskraft entscheidet) bis selbstorganisiert (Team entschei-det autonom) unterschieden. Ein verdecktes Kartenspiel (Delegationspoker) mit den einzelnen Delegationslevels führt dazu, dass die Gruppe selbst spielerisch entscheidet, wer die finale Entscheidungskompetenz bezogen auf anstehende Auf-gaben haben soll. Ein Delegationsboard zeigt dann an, wer bezüglich welcher Aufgaben Entscheidungen auf welchem Entscheidungslevel treffen darf.

Werden Kreise zu bestimmten Themen (z. B. Empowerment Working Group) gebildet, bietet es sich an, eine klare Mission zu wählen, Rollen zu definieren und vergeben, Arbeitsweisen und Kommunikationswege sowie die Interaktion mit anderen Kreisen festzulegen.

Es ist darauf zu achten, dass Aufgaben, Kompetenzen und die Verantwortung für die Erledigung der Aufgaben bei einer Person vereint sein sollte, um gute Ergebnisse zu erzielen.

Die Transparenz der Ziele, Aufgaben, Kompetenzen und Rollen fördert die Verantwortungsübernahme und führt gleichzeitig dazu, dass die Mitarbeiter dann eher bereit sind, Verantwortung zu übernehmen, wenn sie sich auch befähigt fühlen.

4.6   Ressourcenaktivierung durch die Führungskraft

4.6.1   Ressourcenorientierte systemische Fragen

Die Führungskraft übernimmt als transformationale Führungskraft bei der För-derung von Empowerment eine Rolle, die mit einem systemischen Coach vergleichbar ist. Das heißt, sie ist für den Prozess verantwortlich oder besser gesagt das Rahmenwerk, innerhalb dessen Empowerment wachsen kann und steu-ert nicht nach dem Prinzip Command and Control. Empowerment wird insofern auch nicht verordnet, sondern entsteht aus dem Prozess heraus emergent durch die Mitarbeiter. Die Führungskraft braucht auch nicht viel zu erklären, wenn allen Mitarbeitern die strategischen Ziele der Organisation klar sind, wenn also klar ist, dass Selbstorganisation und Übernahme von Verantwortung zum Verständnis des Arbeitens dazu gehören.

Trotzdem ist es oft auch ein großes Missverständnis, wenn unter Empower-ment verstanden wird, man überlasse die Mitarbeiter allein ihrem Schicksal. Das ist es auch nicht. Wie ein systemischer Coach steht die Führungskraft für Fragen zur Verfügung, gibt Impulse und setzt Leitplanken, sodass die Mitarbeiter in ihrer Zielverfolgung und ihren Aufgaben weiterkommen.

Nachdem nun Vision, Ziele und ein paar Todos für die Mitarbeiter und das Team geklärt sind (vgl. Abschn. 4.3) sind, stellt sich nun die Frage nach den ersten Schritten, die in Richtung Ziel unternommen werden müssen.

Hier gilt es, die vorhandenen Ressourcen der Mitarbeiter zu aktivieren, die sie für die ersten Schritte in Richtung Ziel brauchen. Genau da setzen ressourcenorientierten Fragen an, fragen sie doch nach dem, was für eine Person im Hinblick auf die Zielerreichung hilfreich ist. Ressourcen in diesem Zusammenhang (vgl.Wikipedia, 2022) können dabei persönliche Ressourcen wie zum Beispiel psychische Ressourcen (Wille, Selbstregulation, Resilienz), aber auch kognitive Ressourcen (wie Bildung, Wissen, Fähigkeiten), interpersonelle (z. B. Beziehungs- und Kritikfähigkeit), physische (Gesundheit, Schlafqualität u. ä.) und Umweltressourcen (wie soziale Einbettung in Netzwerke, Wohnumfeld, Arbeitsplatzqualität), aber auch ökonomische Ressourcen wie Arbeitseinkommen) sein.

Es geht darum, Situationen und Success Stories im Team oder bei den Mitarbeitern abzurufen, die für die Zielerreichung förderlich sind, so etwa mit folgenden ressourcenorientierten Fragen:

„Was hat Dir/Euch bisher bei der Erreichung Deiner/Eurer Ziele geholfen?"

Es kann auch die Frage nach den Kompetenzen oder Eigenschaften sein: „Was ist Deine/Eure spezielle Kompetenz? Was zeichnet Euch aus?" „Auf was seid Ihr stolz?"

„Was brauchst Du, um zu….?"

„In welcher Situation hast Du Dich schon mal empowert gefühlt?"

Weitere systemische Fragen, die zur Ressourcenaktivierung neben den in Abschn. 4.2 und 4.3 teils genannten lösungsorientierten Fragen sowie den Fragen von Abschn. 4.4 gestellt werden können, sind:

- **Kopfstandfragen:** Sie fragen nach dem Gegenteil, also zum Beispiel danach, wie das am wenigsten selbständig arbeitende Team aussieht. Durch die Umkehrung der Schilderung kann man so Aspekte (Ressourcen) eines selbständig arbeitenden Teams erhalten.
- **Die Wunderfrage nach Steve de Shazer** (vgl. analog Hahn, 2022): „Stellen Sie sich vor, Sie gehen heute Abend in Ihr Bett, schlafen tief und fest und über Nacht geschieht ein Wunder. Sie wissen aber nicht, dass ein Wunder in Bezug auf Ihr Anliegen (zum Beispiel mehr Autonomie am Arbeitsplatz) geschieht. Woran erkennen Sie am nächsten Morgen, wenn Sie aufwachen, dass ein Wunder passiert ist?" Diese Frage kann nach einem Moment der

Stille beim Gegenüber Bilder, Gefühle und Wünsche entstehen lassen, die in Richtung Lösung weisen, und führt oft zu erstaunlichen Ergebnissen.

4.7   Umgang mit Hindernissen und Widerständen

Auf dem Weg zur Lösung hin können immer Hindernisse liegen, an denen gerade Teilnehmer, die kritisch dem Empowerment gegenüberstehen, sich reiben und wohlmöglich in den Widerstand gehen. Hier kann die Führungskraft bzw. der Coach, die Mitarbeiter einladen, Hindernisse auf eine Pinnwand mit Moderationskarten zu heften. Zielführend hierbei ist, sich auf vier oder fünf wesentliche Hindernisse zu einigen, um sich nicht im Detail zu verlieren. Die Aufgabe der Führungskraft an dieser Stelle besteht darin, zuzuhören, die Punkte aufzunehmen und gleichzeitig das Vertrauen und die Lösungskompetenzen zu stärken, sodass das Team Ressourcen aktivieren kann, um die Hindernisse zu beseitigen. Falls die Hindernisse für manche Teilnehmer sehr groß sind, kann die Führungskraft (Coach) hier die Widerstandsabfrage einführen, um bestenfalls Konsens in der Gruppe herbeizuführen.

Bei der **Widerstandsabfrage** werden anstatt, dass lange Probleme oder Bedenken diskutiert werden die genannten Widerstände zu dem jeweiligen Diskussionspunkt abgefragt. Hierbei werden leichte, mittlere und schwere Widerstände unterschieden. Die mittleren und schweren Widerstände werden durch die Beantwortung von Fragen beantwortet, bestenfalls aus der Welt geschafft oder gegebenenfalls wird der Vorschlag angepasst. Dies hat den Vorteil, dass im besten Fall, alle Teilnehmer im Konsens abgeholt werden, indem die Option mit dem geringsten Widerstand berücksichtigt wird und nicht Widerständler unberücksichtigt bleiben. Befinden sich viele Mitarbeiter im Widerstand, sollte ein separater Workshop in Abstimmung mit der Geschäftsführung zur Klärung der Bedenken veranschlagt werden, da andernfalls die Gefahr besteht, dass schwerwiegende Bedenken immer wieder auftauchen und somit der Weg zum Ziel deutlich erschwert wird.

4.8   Maßnahmen umsetzen inklusive Prototyping, Feedback und Retrospektive

Es wird angenommen, dass die Vision (vgl. Abschn. 4.2) und Ziele (vgl. Abschn. 4.3) geklärt sind sowie die einzelnen Todos, sodass jetzt ein Prototyp gebaut werden kann. Ein Prototyp stellt im Design Thinking – einem kreativen systematischen Prozess zur Lösung komplexer Probleme – die Darstellung einer Idee dar, sodass sie von Dritten verstanden wird. Das kann eine Skizze sein, ein Lückentext, eine Darstellung in Lego. Es können Personas (typisierte Endnutzer, hier: Mitarbeiter) sein, die zum Beispiel eine Geschichte über Empowerment erzählen und mit entsprechenden Charakteristiken ausgestattet sind. Genauso sind Rollenspiele oder Improvisationstheater möglich, um die Kernideen darzustellen. Alles ist möglich, der Fantasie sind da keine Grenzen gesetzt. Mit Prototypen sollen schnell Möglichkeiten visualisiert, dargestellt und getestet werden, bevor es an die eigentliche Umsetzung der Idee geht. Insofern sind Prototypen eine Art Minimalprodukt der Idee, die aber die wesentlichen Charakteristika beinhaltet.

Beim Prototyping sollten einfach schnell in zirka 15 min ungefähr 3–4 unterschiedliche Prototypen erstellt werden, über die dann in der Gruppe abgestimmt werden kann. Alle Formen von Kreativitätstechniken können dabei genutzt werden. Es ist wichtig, das richtige Mindset beim Prototyping zu haben:

- Es kommt nicht auf die ideale Lösung an.
- Experimente sind das, worauf es ankommt.
- Nicht reden und diskutieren, machen ist die Devise.

Folgende Prozessschritte sollten beim Erstellen des Prototyps beachtet werden (vgl. Ries, 2017).

1. Schnelles Erstellen -Build
2. Validieren – Measure
3. Learn

Der Bauprozess (Build) führt im Ergebnis zu einem kleinen Prototyp, der idealerweise in einer **Feedback-Schleife** dem Kunden (also hier dem Team oder Mitarbeiter, das oder der empowert werden soll) vorgestellt werden, die daraus resultierenden Feedbackdaten fließen in einen Lernprozess ein und werden aufgegriffen, in dem der Prototyp nachgebessert wird oder benannte Fehler beseitigt werden. Hier soll der Prozess nach dem Motto „fail fast fail often" helfen, schnell zu lernen, sodass der Build-Measure-Learn-Prozess von vorne starten kann, so lange, bis keine Anpassungen aufgrund des Kundenfeedbacks mehr erforderlich sind. So können mehrere Schleifen des Build-Measure-Learn-Zyklus (s. Abb. 4.5) durchlaufen werden, bis die kreierte Lösung von den Adressaten für gut befunden wird.

Abb. 4.5 Build Measure
Learn-Ansatz

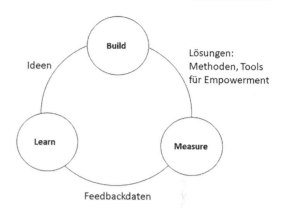

Build-Measure-Learn-Ansatz

Mit den Ergebnissen des Prototyping und den in Abschn. 4.3 beschlossenen Maßnahmen/Todos kann es nun in die Phase der Umsetzung gehen. Hier sollte beschlossen werden, wer was bis wann macht. Wichtig ist, dass die Führungskraft oder der Coach nicht vorgibt, wer welche Aufgabe übernimmt, sondern die Mitarbeiter sollen selbst die für sie passenden Aufgaben übernehmen, in denen sie auch die entsprechende Kompetenz haben oder wo sie versprechen, sich intensiv in ein neues Thema einzuarbeiten. Die Mitarbeiter sind dann empowert, wenn sie darüber entscheiden können, wie sie eine übernommene Aufgabe ausführen werden. Die Führungskraft oder der Coach kann hierbei dennoch ab und zu Input geben und sich involvieren. Auf jeden Fall sollte sie Fehler nicht als Manko werten und Mitarbeiter für die Übernahme von Verantwortung und die Erledigung der Aufgaben wertschätzen.

Retrospektive: Abschließend nach der finalen Fertigstellung des Prototyps sollte das Team selbst kritisch die eigene Zusammenarbeit, die Beziehungen untereinander und die durchgeführten Prozesse beurteilen, um herauszufinden, wo noch was verbessert werden kann.

Skalierung über Netzwerke und Ökosysteme

Haben sich die Mitarbeiter aufgrund des Stakeholder-, Kundenfeedbacks für einen bestimmten Prototypen der vorgestellten drei bis vier Prototypen entschieden, geht es in den nächsten Schritt. Der Prototyp als kleinstmögliche Version eines Pilotprojektes „Empowerment" kann dazu genutzt werden, in einem abgegrenzten Unternehmensbereich erstmalig eingeführt zu werden. Nach erfolgreicher Implementierung kann über dieses erfolgreiche Projekt seitens des Topmanagements über alle Organisationseinheiten hinweg in allen internen Kommunikationskanälen berichtet werden. Das Ziel ist am Ende auch in einem Ökosystem, in dem sich Wettbewerber, Kunden, Lieferanten, Wissenschaftler, Behörden, etc. befinden (s. Abb. 3.1) darüber zu berichten und das Projekt zu skalieren, bestenfalls in anderen Unternehmen einzuführen, um von dem Feedback und der Vernetzung am Ende zu profitieren und ständig an der Weiterentwicklung des Themas Empowerment zu arbeiten.

> **Fazit**
>
> So wie Mitarbeiter mit den ihnen vorhandenen Ressourcen arbeiten können, um sich zu empowern, können auch Unternehmen mit den gegebenen Ressourcen und einer Empowerment-Geisteshaltung, die sie der Unternehmenskultur einflößen, Mitarbeiter empowern. Dabei ist eine systemische Sichtweise hilfreich, die mit Fokus auf die Mitarbeiter von einer psychologischen Warte auf diese schaut und diese mit systemischen Methoden (personenzentrierte Gesprächsführung, systemische Fragen, Empathie etc.) in der Rolle eines Coaches in Richtung ihres Empowermentziels begleitet.
>
> Mit Fokus auf die Umsetzung von Empowerment in der Organisation helfen gleichzeitig agile Methoden (Prototyping, das Arbeiten in Sprints, agile

M. Willems, *Empowerment von Mitarbeitern und Teams in Organisationen*, essentials, https://doi.org/10.1007/978-3-662-65198-8_5

Kollaboration) sowie Strukturen und Praktiken, die in partizipativen Organisationen üblich sind und zu mehr Transparenz, Verantwortungsübernahme und Autonomie beitragen. Dennoch hat Empowerment dort seine Grenzen, wo Mitarbeiter gar nicht autonom arbeiten wollen, aber dies in bestimmten Kontexten auch nicht müssen. Letztlich sind Führungskräfte gefordert, Mitarbeiter in einer vertrauensvollen Arbeitsatmosphäre als Coach und Facilitator mit entsprechenden Führungsmethoden, Wertschätzung und Empathie hin zu einem höheren Motivationsniveau zu führen, bei dem sie selbstwirksam ihr Leben mitgestalten können. Und in diesem Sinne ist Empowerment am Ende ein ganz entscheidender Wettbewerbsfaktor.

Was Sie aus diesem *essential* mitnehmen können

- Mitarbeiter zu empowern bedeutet, sie zu befähigen, ihr Arbeits- und Privatleben selbstbestimmt zu gestalten, sodass sie ihre Ziele verwirklichen können.
- Die Förderung von Empowerment braucht ein Rahmenwerk, einen Boden, auf dem Empowerment gedeihen kann, das heißt
  - eine vertrauensvolle Arbeitsumgebung, wo der Mensch in seiner Ganzheit im Mittelpunkt steht (systemische Sicht),
  - ein open mindset. Das Empowerment Mindset muss in die Unternehmenskultur integriert werden,
  - Guidance from the top und transformational Leadership,
  - Gemeinsame Entscheidungsfindung und Gestaltung von Aktivitäten,
  - ein Labor, in dem Experimente („fail fast, fail often") gemacht werden dürfen,
  - Lernförderung und Netzwerkbildung,
  - Förderung des Kompetenzaufbaus durch die Personalabteilung mit Weiterbildungsangeboten zu Selbstführung, Entscheidungsfindung, Delegation, Kommunikation, Konfliktmanagement, Coaching Skills, Problemlösungsfähigkeiten etc.
  - Spielräume schaffen, die ein Selbstmanagement zulassen
- Empowerment ist ein kokreativer Prozess, der die Inspiration des Managements braucht, aber emergent durch die Mitarbeiter entsteht.
- Eine klar formulierte Strategie und klare Rollen- und Kompetenzverteilung erleichtern Empowerment.

M. Willems, *Empowerment von Mitarbeitern und Teams in Organisationen*, essentials, https://doi.org/10.1007/978-3-662-65198-8

- Kommunikationsfähigkeiten, Ressourcenaktivierung und Partizipationsmöglichkeiten sind Enabler für Empowerment.
- Und zu guter Letzt denken Sie auch an Appelo's Zitat: „You don't empower people to please them, you empower people to make better decisions than you."

Literatur

Appelo, J. (2022). https://management30.com/practice/delegation-poker/. Zugegriffen: 5. Febr. 2022.

Bowen, D., & Lawler III, E. (1995). Empowering service employees. https://sloanreview.mit.edu/article/empowering-service-employees. Zugegriffen: 15. Jan. 2022.

Edmonson, A. (2021). Building a psychologically safe workplace. https://www.youtube.com/watch?v=LhoLuui9gX8. Zugegriffen: 17. Aug. 2021.

Hahn, K. (2022). Wunderfrage. https://www.carl-auer.de/magazin/systemisches-lexikon/wunderfrage. Zugegriffen: 5. Febr. 2022.

Herriger, N. (2021). Empowerment. https://www.empowerment.de/Zugriff. Zugegriffen: 4. Sept. 2021.

Laloux, F. (2015). *Reinventing organizations, Ein Leitfaden zur Gestaltung sinnstiftender Formen der Zusammenarbeit* (S. 32 ff.). Vahlen.

OECD. (2021). Future of education and skills 2030 conceptual learning framework. https://www.oecd.org/education/2030-project/about/documents/Education-and-AI-preparing-for-the-future-AI-Attitudes-and-Values.pdf (S. 7). Zugegriffen: 13. Febr. 2022.

Pausder, V. (2020). *Das Neue Land Wie es jetzt weitergeht!* (S. 132). Murman.

Radatz, S. (2010). *Einführung in das systemische Coaching* (S. 85). Carl Auer.

Ries, E. (2017). *The lean startup*. Currency.

Rogers, C. (1983). *Therapeut und Klient, Grundlagen der Gesprächspsychotherapie*. Fischer.

Rüther, C. (2010). *Soziokratie. Ein Organisationsmodell Grundlagen, Methoden und Praxis*. (Seminarunterlage und Einführungstext, 2. korrigierte und leicht aktualisierte Aufl.). https://soziokratie.org/wp-content/uploads/2011/06/soziokratie-skript2.7.pdf. Zugegriffen 5. Febr. 2022.

Rüther, C. (2018). *Soziokratie, S3, Holokratie, Frederic Laloux „Reinventing Organizations" und „New Work", Ein Überblick über die gängigsten Ansätze zur Selbstorganisation und Partizipation* (zweite überarbeitete und stark ergänzte Aufl.). BOD.

Scharmer, O. (2009). *Theory U: Learning from the future as it emerges*. Berrett- Koehler (Chapter 21).

Scharmer, O. (2019). *Essentials der Theorie U Grundprinzipien und Anwendungen* (1. Aufl.). Carl Auer.

Smet, A., Hewes, C., & Weiss, L. (2020a). For smarter decisions, empower your employees (S. 9). https://www.mckinsey.com/business-functions/people-and-organizational-per

formance/our-insights/for-smarter-decisions-empower-your-employees. Zugegriffen: 5. Febr. 2022.

Smet, A., Hewes, C., & Weiss, L. (2020b). What it really means to lead more effectively through empowerment. https://www.mckinsey.com/business-functions/people-and-org anizational-performance/our-insights/the-organization-blog/what-it-really-means-to-lead-more-effectively-through-empowerment. Zugegriffen 5. Febr. 2022.

Spreitzer, G. M. (1995). Psychological empowerment in the workplace: Dimensions, measurement, and validation. *The Academy of Management Journal, 38*(5), 1442–1465..

Spreitzer, G. (2007). Taking stock. A review of more than twenty years of research on empowerment at work. Handbook of Organizational Behaviour, Sage Publications 2007, 54–72.

Wikipedia. (2022). Ressourcen. https://de.wikipedia.org/wiki/Ressource. Zugegriffen: 5. Febr. 2022.

Printed in the United States
by Baker & Taylor Publisher Services